托尔斯泰的智慧箴言

夏之卷

［俄］列夫·托尔斯泰 著
梁祥美 译

新世界出版社
NEW WORLD PRESS

图书在版编目（CIP）数据

托尔斯泰的智慧箴言. 夏之卷 / (俄罗斯) 列夫・托尔斯泰著；梁祥美译. -- 北京：新世界出版社，2017.3

ISBN 978-7-5104-6139-2

Ⅰ.①托… Ⅱ.①列… ②梁… Ⅲ.①托尔斯泰(Tolstoy, Leo Nikolayevich 1828-1910) -箴言 Ⅳ.①K835.125.6

中国版本图书馆CIP数据核字（2017）第012980号

托尔斯泰的智慧箴言. 夏之卷

作　　者：[俄] 列夫・托尔斯泰
译　　者：梁祥美
责任编辑：丁　鼎
责任印制：李一鸣　高　金
出版发行：新世界出版社
社　　址：北京西城区百万庄大街24号（100037）
发 行 部：（010）6899 5968　（010）6899 8705（传真）
总 编 室：（010）6899 5424　（010）6832 6679（传真）
http://www.nwp.cn
http://www.nwp.com.cn
版 权 部：+8610 6899 6306
版权部电子信箱：nwpcd@sina.com
印　　刷：北京旭丰源印刷技术有限公司
经　　销：新华书店
开　　本：880mm×1230mm　1/32
字　　数：160千字　　印 张：8
版　　次：2017 年 3 月第 1 版　2017 年 3 月第 1 次印刷
书　　号：ISBN 978-7-5104-6139-2
定　　价：30.00元

目录

4月

5月

6月

4月

April

4月 1日

知识的领域

知识的领域是广大无边的。如果想获得真正的知识，你必须在那广大的领域中分辨什么是最重要的，什么是次要的，以及什么是最不重要的。

现代由于种种研究的结果，已经累积了相当可观的知识。我们虽只是要把这些重要知识的小小部分变成自己的东西，但人生都显得太短促，能力也显得太有限了。当我们接受了许多有助于我们的知识财富之后，我们又得将其中大部分如草芥般抛弃。无论如何，不要让自己背负过重的知识包袱才好。

——康德

念书过早或念书过量，都会因为接受了太多自己无法处理的材料，而造成记忆支配感情或本性的结果。因此我们时时需要深刻的哲学，能使我们的感情回归到原始的纯真，能让我们察觉到自己是多么盲目地接受了一大堆别人的无聊思想和意见。它将让我们开始以“自己本身”来感受，来说话，或者说它将让我们开始以“自己本身”的样子而存在。

——李希登堡

波斯一贤者说：“年轻的时候我对自己说，‘拼命去求得一切学问吧！’但毕竟有一些事情是我无法了解的。而当我上了年纪，以较成熟的观点来看我所知道的一切东西时，由于我的人生已经到达另一个阶段，那些东西也变得微不足道了。”

——佚名

将欲知天地间一切事物的念头从你心中或脑中扫除吧。一般说来，有关天道或存在的法则，我们所能知道的是非常有限的，但就这么一点也够了。想要知道更多，并不是我们的幸福。我们应该相信：我们所要努力的是过谦虚的生活，并在自足中接受所面临的人生。超过这个界限的一切努力只是徒增混乱，超过这个界限的一切知识也只是徒增悲哀。

——罗斯金

天文学家的观测或计算教给我们非常多的东西。但他们研究的最重要成果是向我们暴露我们的无知乃是无底的；在获得很多知识之后，我们的理性才开始承认人的认知太有限了。如果我们能好好去检讨这件事，我们在决定知性活动的终极目标上就会发生极大的变化。

——康德

“地上长着草，我们能看到这些草，这在月球上是看不到的。草上有小花，小花上有小生物，除此之外就没有任何东西了。”这是多么自负的说法！

“复杂的肉体乃由种种要素所构成，而这些要素是无从解剖分析的。”这又是多么自信的说法！

——巴斯噶

不要怕无知，该怕的是虚伪的知识，这个世界的邪恶全部由此而来。

——佚名

※

知识是无限的。因此，知道很多的人对知道很少的人所存的优越感也几乎不值一提。

4月 2日

道德的生活

善的生活需要不断的努力才能达到。

习惯绝非好事。行善一旦变成习惯，也就不算什么好事了；行善会因为变成习惯而失去其道德意义。经由努力获得的东西才能算是“善”。

——康德

不要性急，无论肩负任何担子，都让它成为一种奉献吧！你应该从万物吸取智慧生活所需要的东西，就像胃从食物中吸取养分，又像火因加上燃料而烧得更旺盛。

——奥勒留

越是想把自己背负十字架的痛苦推到一旁，它越会成为一种重担。

——爱弥尔

我们应随时以审慎的态度对待自己所做的事；什么错误都以不小心为理由是不可原谅的。

——佚名

人若能单纯地怀着道德感默默履行义务，他就会逐渐获得力量，就能坚强果敢地走在尘世的喧嚣中或火柱上。

——爱默生

成长是个缓慢的过程，而不是一阵痉挛式的爆发。以突然的思想上的冲动，如何能了解科学的整个领域呢？以爆发性的悔悟如何能克服罪恶呢？精神的成长，除了跟从充满智慧的教诲并不断忍耐、不断努力之外，别无他法。

——柴宁

※

道德上的努力与了解人生的喜悦两者之间的相互关系，就如同肉体的劳动与休息的喜悦两者之间的关系。没有肉体的劳动便不可能有休息的喜悦，同样的，没有道德上的努力便不可能了解人生的喜悦。

4月3日

死并非不幸

死通常是幸福的——死不是我们那原来的“我”转变成另一种形式吗？死不是个体的消失融入万物的根源吗？

生是梦，死是觉醒——我们确实可以这么认为。可是当我们的自我未曾有任何自觉，活得浑浑噩噩的时候，我们会认为死是一种破灭。

死是肉体的破坏。死是我们借以看东西的玻璃窗之破碎。如此一来，玻璃窗是否将换上另一种东西，或者就改从窗子来看东西，我们不得而知。

——叔本华

如同培植无花果树的人知道什么时候果子会成熟，神知道什么时候把正义使者从这个世界召回。

——佚名

人生是存在着某种限制的，它必须像果实或四季那样有开始，有终了。具有高智慧的人都心甘情愿遵从这个秩序。童话中向神挑战的巨人总显得那么狂妄，他们反抗的是自然或自然法则。

——西塞罗

在宇宙中的“我”这个个体，死后是否仍然会活下去？关于此问题的答案只有一个：假如个体的生活死后持续下去较好，它就会持续下去；如果不好，它就会终断。以我对神的了解，我可以相信神所做的对我们而言就是最好的事。

——爱默生

死可以非常轻易地使不相信永恒的人解除不幸和困惑，死对相信永恒并等待新生活的人而言是极大的喜悦。因此，假如死不伴随着苦恼，大家都要拼命去寻死了；正因为有苦恼，人才不会任意赴死。

——佚名

没有人了解死是什么，但也没有人了解死是最大的善；大家都把死当成最大的恶，从而对死深怀恐惧。

——柏拉图

渴望死又恐惧死的人不能算是聪明的人。

——阿拉伯谚语

假如神问人，是要一直活在贫困、苦恼、忧郁和疾病之中，还是过着一边享有财富、权力、满足与健康，一边恐惧这一切将逐渐被剥夺的生活，人真不知要怎么选择。

自然会帮我们解决问题，帮我们解除选择的困难。

——佚名

※

让我们努力保持既不恐惧死也不渴望死的生活状态吧。

4月 4日

人生是喜悦的

人生可以是无比的喜悦，而且应该如此。

这个世界既非泪之谷亦非苦刑场。这个世界的生活充满无比的喜悦——只要我们尽了义务，过该有的生活，便能享有无比的喜悦。

——佚名

一个人的恶念不仅使他个人陷于不幸，同时也让别人不幸。善良的心就如同使车轮顺利旋转的润滑油。

——佚名

大部分的人由于过分执着于自我满足，以致自我得不到满足的时候就会悲叹不已。只有彻底认清什么是真正的喜悦，而当喜悦消失的时候亦不悲叹，才是正确的行为。

——巴斯噶

试试看吧——只要你尝试，你应该也可以像那些借着爱与善行以获得内心和平并满足于自己命运的人一样，好好生活下去的。

——奥勒留

真正的圣贤是常乐的。

——佚名

※

欣然活下去的主要方法是相信人本来就应该是欣喜的。如果你失去喜悦，你必须找找看是哪里弄错了。

4月 5日

人不能不劳动

除非犯罪，否则人不可能避开“勤奋工作”的原则；这里所谓的犯罪是指暴力的行使或参与，或在暴力之前的屈从。

若要卑躬屈膝倒不如失去生命；若要托富人之福过奢侈的生活倒不如贫困好。不要站在富人的门口，不要以哀求者的声音说话——这才是最好的生活。

——印度经典

如果要为了获得面包而失去纯真，不如立刻饿死。

——梭罗

从前有两兄弟，一个为帝王做事，一个靠自己双手的劳动过日子，富有的哥哥对贫困的弟弟说：

“为什么你不也去为帝王做事呢？这样你就不用当一个那么辛苦的穷人了。”

贫穷的弟弟回答：

“你为什么不自己劳动走出卑贱的奴隶的境遇呢？听一位圣人说：‘系金色带子成为别人的奴隶，不如吃自己劳力得来的面包心里平安些。’宁可为运土、捏土而劳动双手，也不要当奴隶而交臂胸前；宁可以一片面包为满足，也不要以奴隶身份而卑屈。”

——萨迪

帝王所赐的衣裳无论多漂亮，不如自己的布衣好。富人的食物无论多么美味，不如自己餐桌上的一片面包好。

——萨迪

没有比勤劳更能让人高贵的了；人若不勤劳便无法表现自己作为一个人的价值。

因此，懒惰的人便只在表面上对其夸大的工作虚张声势，他们知道若不如此，自己将受到别人的轻视。

——佚名

你们每一个人实在都应该亲自带着绳子到森林里去弄一捆柴，然后卖了以谋求生活。衣食住不要仰赖任何人或强求别人供给。假如别人不供给你的所求，你不是要受辱而悲伤吗？但假如你求到了，岂不是更糟？因为如此一来你便成为负债的人了。

——穆罕默德

不在大地上劳动的人，大地会对他这样说的——你长右手又长左手，你却不在大地上劳动，如此你不是永远非跟所有乞丐一起站在别人的门口不可了吗？不是永远非去乞讨有钱人家的剩余物不可了吗？

——琐罗亚斯德

一个人若能相信勤劳的生活比无所事事的生活更可敬，自己并真正过着与此信念一致的生活，而且又能以此信念来评价别人、尊敬别人——那么他的生活应该是充满喜悦的。

——佚名

※

假如你厌恶劳动，那么你不是堕落的人就是行使暴力的人。

4月6日

不断改善自己

一般人都从事着自认为非常重要的各种各样的工作，但很少人从事提升精神、净化心灵的工作——而这是人类共同的使命（事实上其他所有的事情都包含其中）——因为要达此目的，对人而言并无任何障碍存在，所以说它是人类共同的使命。

年轻的时候，我们都认为把所有的人导向正途，消除所有的罪恶与不幸是可能做到的。这种青春时期的美好幻想是否很可笑呢？而这些幻想终难实现究竟是谁的罪过，只有神知道。

——佚名

我认为没有比努力改善自己更好的生活方式了，而且没有比实际感觉到自己越来越好有更大的满足。这是我到今天还继续体验到的幸福，这一层将由我的良心来证明。

——苏格拉底

我们应该感谢为我们指正缺点的人。当然我们的缺点并不因被指正而消失，因为我们的缺点太多了。但由于被指出而晓得自己的缺点，我们就会良心感到不安，就会努力去改正自己，而从那些缺点走出来。

——巴斯噶

我们的认识能力除了对外在世界下判断之外，还具有比这样更大的意义，因为我们随时存在于我们的认识之中。我们的幸与不幸主要不在别人对我们的态度，而在我们对自己的态度。不断纠正自己吧，如此我们就是做了对自己和对别人所能做的最好的事。

——露西·马洛丽

一个人能感觉到年终的自己比年初的自己好，就是最大的幸福了。

——梭罗

※

在世间的劳碌生活中，人仍然能够期盼自我的完成。但如果一直处在沙漠似的荒地就难以实现了。走向自我完成的最佳方法是独自探究出自己的世界观并确保它，然后在尘世的生活中将自己的世界观运用到自己所从事的工作之中。

4月 7日

以善报恶

以善对待恶比以恶对待恶更自然，更容易，更富有智慧。

到了一个地方，名叫髑髅的，就在那里把耶稣钉在十字架上，又钉了两个犯人，一个在左边，一个在右边。当下耶稣说："父啊！赦免他们；因为他们不晓得他们做错了什么。"

——《路加福音》23：33～34

人所能想到的最大的幸福是遵从自己内在的根本原则来行动，这个原则会命令你把不断对别人行善当成对自己本身的最大幸福。

——佚名

付出善以对待恶。

——《犹太法典》

对自己的敌人要报以什么呢？就报以“多多为他行善”。

——艾皮科蒂塔斯

以亲切战胜愤怒，以善战胜恶，以仁慈战胜吝啬，以正义战胜虚伪。

——佳玛帕达

与人交往的时候，若能给对方较多的或更高一层的尊重，才对他有所帮助。

——佚名

对恶若能以善来回报，你就可以把那些邪恶的人想借邪恶的行为以获得的满足击破。

——佚名

※

人只要曾经一度体验过以善报恶的喜悦，就会尽量把握获得这种喜悦的机会。

4月 8日

战争是一种罪恶

战争是由一大群人共同所犯的罪恶。

建立良好制度应该只是时间问题，因为军事与战争终将结束；无论诡辩者怎么说，那是一定要结束的。认为对其他国家发动战争是神圣的，洒血大地是大地所渴望的——这是骗人的话。战争是为神所诅咒的，也为参加战争而有沉痛经验的人所诅咒。大地由于人在她上面的流血行为而盼望天降甘露。

——维尼

你们的罪孽使你们与神隔绝，你们的罪恶使他掩面不听你们。因你们的手被血沾染，你们的指头被罪孽玷污，你们的嘴唇说谎言，你们的舌头出恶语。无一人按公义告状，无一人凭诚实辩白，大家都倚靠虚妄，说谎言，所怀的是毒害，所生的是罪孽。他们的脚奔跑行恶，他们急速使无辜的人流血；意念都是罪孽，所经过的路都荒凉毁灭。平安的路他们不知道，所行的事没有公平；他们为自己修弯曲的路；凡行此路的都不知道平安。

因此公平远离我们，公义追不上我们。我们指望光亮，却总是黑暗；我们摸索，如同无目之人。我们晌午绊脚，如在黄昏一样；我们过着虽生犹死的日子。

——《以塞亚书》59：2～10

国中有可惊骇、可憎恶的事，就是先知说假预言，而祭司借它们把持权柄；我的百姓却喜爱这些事；到了结局你们怎么办才好呢？

——《耶利米书》5：30～31

只因不法的事增多，许多人的爱心，才渐渐冷淡了。

——《马太福音》24：12

……现在却是你们的时候，黑暗掌权了。

——《路加福音》22：53

战争好像一层幕，在它的背后，各种各样的人，许许多多的民族犯着惊人的罪恶；这种罪恶在战争以外的情况下是人类所无法忍受的。

——斯普林菲德

……他们要将刀打成犁头，把枪打成镰刀。这国不举刀攻击那国，他们也不再学习战事。人人都要坐在自己葡萄树下和无花果树下，无人惊吓。这是万军之耶和华亲口说的。

——《弥迦书》4：3～4

※

无论是谁所允许的，无论以怎样的话来辩解，杀人永远是一种罪恶。因此所有杀人者——无论是真正去杀人的或做杀人之准备的，都绝对不值得受尊敬或赞赏，他们是需要怜悯、教化和训谕的人。

4月 9日

一心求善就是对永恒的信仰

对善的爱与对永恒的信仰指的是同一件事。

没有人敢断言来世的生活是什么样子。我们对神以及来世的信念并不是建立在逻辑上，而是在德性上。我是以自己的道德感来相信神的存在以及我的“自我”之永恒性，或者说，对神以及死后世界的信仰是与我的本性有关，那是无法脱离我个人的。

——康德

我们的精神发展得越高，我们对永恒的信仰也越巩固。当我们的天性远离动物性的愚昧，脱离卑鄙的私心或可怜的迷信，我们就更不可能对这种信仰存疑，越能把信仰引入特有的伟大德性之中。换句话说，这时候一切将豁然开朗，我们便可以满心欢喜地走进神的领域。

——马蒂诺

我们所见所知的一切领着我们去相信从未见过的、未知的事。神在未来为我们所预备的一定是某种伟大的、充满恩典的东西；神在其中的活动一定跟我们在此世所了解的事物的性质有关；我们的未来一定是建立在我们所能领悟的至高至上的东西上面。

——爱默生

死没什么可怕，死之所以可怕完全由于人脱离永恒的法则而引起。

——佚名

真正爱神的人，并不处心积虑要博得神的爱；对他而言，自己能爱神已经足够了。

——斯宾诺莎

※

倾注一切去求善爱神的人，不可能怀疑自己的永恒性。

4月 10日

走向更好的境地

一步步走近神的王国，将使大家逐渐意识到现行制度的愚蠢以及违背自己的天性，并不可避免地导致现存秩序的改革和新秩序的建设。

基督建立了新社会的基础。在他以前大家都附属于一个或数个主人，就如家畜附属于主人；君主或其他掌权者带着傲慢与利欲心使人民背负重荷。基督消除了这种不法制度，让受压迫者抬起头，让奴隶获得解放。基督告诉大家，我们在神的面前是平等的，因此我们彼此之间也是平等的，谁也不能对同胞具有权力；平等与自由是神在世界上所置的法则，是不可破坏的；所有的权力都是不合理的，在社会生活中，大家都必须为彼此间的义务以及大家的幸福尽一己之力——基督建立了这样的社会。

而目前我们能看到这样的社会吗？基督的教诲是否支配着

世界？目前不是还存在着奴仆与主人，人民与君主的对立关系吗？十八个世纪间似乎世世代代传递着基督的教诲，信仰着基督，但在世界上那是如何的变了质；被蹂躏而受苦的人民焦急等待着自由之光。但这种状态的形成并不是因为基督说的话不可信，基督说的话不真实；而是因为人民不了解要实现基督的教义是必须靠他们本身的努力和他们本身的坚强意志，是因为他们自己沉睡在破灭之中，未做任何获取胜利的努力，未做任何为真理而死的准备。但是人民有一天总会觉醒的，他们心中不是已经听到某种声音了吗？

——拉梅内

自然界中春天的湿气以及人类的寡断或踌躇都是转变过程中的现象，也就是说，对自然界而言那是在时间转向夏天的步履中产生，对人类而言那是在人生观的进展中产生。能了解到这点的人，对湿气和踌躇不但不觉悲哀，反而因为夏天接近，神的王国接近而高兴。

——斯特拉霍夫

现代人必须具有四海皆兄弟这种共同的宗教意识，也必须具有大家的幸福在于彼此的和谐这种意识。真正的科学必须是在为我们指示这种意识如何适用于生活的种种方法。真正的艺术必须在于将这种意识诉诸感情。

——佚名

目的越遥远，越需要慢慢向前迈进。不要急，但别止步。

——马志尼

※

“用不着心里烦恼，相信神，也相信我”——也就是相信基督向我们说明的相互扶助以及爱的法则。这个法则既然是基督说过的，我们的心智便一定能了解它，而且一定可以将它实现。

4月 11日

道德世界

在道德世界，所有的东西比在肉体世界更紧密地联结在一起。

任何欺骗立刻会跟来一连串其他的欺骗，任何残暴立刻会跟来许多其他的残暴。

对教义一旦有轻微的破坏，最后总难免臻成重大的破坏。当一个人破坏了“爱邻人如爱己”的教诲，接着便要破坏种种戒律；例如不要复仇，不要为恶，不要憎恨你的兄弟等，而最后将酿成流血事件。

——《犹太法典》

不要小看任何恶，不要在心中认为这与自己无关。小小的水滴能累积成满满的一钵子水，恶人一身的邪恶往往就是由小小的恶累积起来的。

不要忽略任何善，不要在心中认为这是自己所不可企及的。一点一滴的累积，不久就会有满满一钵子水。圣人满身的善往往就是由小小的善累积起来的。

——佛陀

我们把根本的邪恶消除了，所有大大小小的恶便会跟着消失；如同砍掉树干，树枝便跟着落下。

——巴斯噶

消除一恶吧，有十恶会跟着消失的！

——梭罗

人的生活可以说有两种倾向：一种是让自己的行为听从自己的良心，另一种是昧着良心行事。有些人属于前者，有些人属于后者。要达到前者只有一个方法：就是发扬自己心中的那一盏光，绝不忽略它所指示的方向。

——佚名

※

恶是怎么产生的，你应该找出其原因。若能如此你就会听到那最原始的声音，你也会因此而感到惭愧。

停下来找找看，你会找到产生恶的那整个骗局的。

4月 12日

神就在自己心中

深入自己内心到某一个程度，人就可以认识到神。

神是存在的，因为我们存在。我们称其为神或什么别的都可以，但不可否认的，我们内在的生命并非我们自己所创造的，而是被赐与的。这个生命的泉源我们就称它为神或其他的名字吧。

——马志尼

幻想对幻想本身所制造出来的幻影感到恐惧是情有可原的，因为那毕竟是幻想。但如果理智屈从于本身所产生的范畴并对它感到恐惧则不可原谅。因为理智是具有批判性的，是无法受蒙骗的。但对东西的大小之误信就是理智的欺骗；子体不可能比母体大的。因此我们由理智创造出来的对空间的观念非加以修正不可；理智非从“空间”解放出来不可。空间使得理智对本身有所误解。但这个解放只有在我们学习把空间放在理智中来看，而不把理智放在空间来看的时候才做得到，也就是让空间恢复其原始特性。空间所具的是扩展性，理智则是中心。

因此神是无所不在的。我们不可能说神是占了十亿立方公里的空间，也不可能说神比这小几百倍或大几百倍。

当人回到理智的中心时，理智便会比空间、时间与数量这一切东西还大。

——爱弥尔

当我站在森林中，看到甲虫拼命地在地上爬着想避开我给它的惊吓，因而思索着这只甲虫为什么这么卑怯地要躲开我，自己倒很想像个恩人似地告诉它以及其族类一些认识——这时候我很自然地想到站在我之上，即站在人类这种甲虫之上的那位大恩人。

——梭罗

只有对不探求神的人而言，神才不存在；只要去探求，你就会在自己心中找到神。

——佚名

探求神就跟以网子捞水一样；当你正在捞取的时候，水看起来的确是在网子里，但网子一提起来，水便全部流失。当你靠思想和行为去探求神的时候，神就在你心中；一旦你以为找到神而放下心，神便立刻消失。

——斯特拉霍夫

以前我竟未能看出这样一个不可置疑的事实——在世界和在我们的生活之上本有“某物”存在的，而我们就像沸腾的水泡，在它里面互争、破碎、消失——多么令人惊奇，我竟未能看出这一个事实。

——佚名

※

一个人没有权利因自己不认识神不了解神而断定神不存在。对这样的人我们可以断言的是，他尚未获得认识神、了解神的能力。

4月13日

灵性的根源

我们对于自己生命中精神方面的根源，可以一方面从理性，一方面从爱来了解。

圣人有三个特征：一、以身作则。二、绝不做违背正义的事。三、能容忍别人的缺点。

——佚名

伟大的爱和睿智是同一回事；智慧的深度相当于心灵的深度。能达到人道之最高顶点的是伟大的心灵，在此，伟大的心灵就是伟大的智慧。

——龚察洛夫

伟大的思想是从灵魂流出来的。

——沃维纳格

我们的道德感与智力是不可分的，因此当触及其中一个必也触及另外一个。曾经受创的智力便经常表现对世界的诅咒。

——罗斯金

探讨一切，但只要相信与理性一致的事！

——佚名

任何真理不通过理性便无法进入人心。理性就像装在打谷机上的筛子，谷粒必须通过它才可以食用——通过筛子以丢弃沙土，除此别无他法。为了获得“纯粹的谷粒”，我们也必须逐步将许多谷粒放到理性的筛子上去。

假如我们认为不需通过筛子也能获得纯粹的谷粒，那是欺骗自己，如此我们吃的将不是谷物而是沙土。

——佚名

理性（智慧）与智力具有完全不同的性质。像俾斯麦之类的人虽然智力相当高，却缺少理性。智力是了解和制造现实人生条件的能力，理性则是让人对世界与神的关系明朗化的内在灵性的本质。理性不但与智力相异，甚至是相反的。理性使人不致受到智力所带来的种种诱惑和欺骗——理性的重要作用就在这一点；换一句话说，理性在于消除那种诱惑，让人的本质——“爱”得到释放，让爱得以表现其本身的面貌。

——佚名

一般都把理性与良心分开看；大家认为善行比思考的力量重要，但这等于分离了我们精神的一体性，这种想法将伤害我们的天性。从道德去掉思想将剩下些什么呢？假如没有思想的力量，那么我们所称的良心将变成一堆虚妄、夸张或虚伪的东西。世界上最残酷的事情就是以良心之名做出来的；大家互相憎恨互相残杀，却有个冠冕堂皇的名义——良心的命令。

——柴宁

※

具有理性（智慧）的人就不可能是邪恶的人。仁者通常也是个智者。我们应该在自己内心中，借理性的实践来扩大善，借爱的实践来加深理性。

4月 14日

暴君与奴隶

要在有权阶级（富者）与奴隶阶级（贫者）截然分明的社会建立良好的制度是不可能的。

我们有必要了解现代由于大家的拜金而产生了非常奇妙的结果。虽然我们说彼此过的是社会生活，却宣扬着完全的疏离和极端的利己主义。我们所过的实际上并不是互助合作的生活，而是互相敌视的生活——表面上却美其名为可敬的竞争，我们制造了战争的假象。

我们忘了与人之间的关系不仅为通货的支付。有钱的工厂老板说："劳动者因饥饿而死跟我何干？我公然在市场上把他雇进来的，我不是如契约上所订的数目一文不差地把钱都付清了吗？除此之外的事情就不是我所知道的。"是的，拜金是真正可悲的信仰。该隐为了自己的利益而杀害弟弟的时候，大家问他："你弟弟在哪里？"他却回答："我是看守弟弟的人吗？我不是把该付给弟弟的钱都付清了吗？"

——卡莱尔

人只有靠土地，也只有在土地上才能生存，因此如果把人必须生存其上的土地剥夺了，也就等于剥夺了他的血肉，而只让他如奴隶般劳动。当社会生活发展到某一个阶段的时候，由土地私有而产生的奴隶制度，因为不像把人的肉体附属他人的奴隶制度那么直接和明显，所以更显得残酷和可恨。

——亨利·乔治

某位英国作家把所有的人分成三个阶级：劳动者、乞丐和盗贼。这样的分类对于平常自认属于"上流社会"或"高贵阶级"的人也许是不礼貌的，可是从经济上的观点来看，如此分类是正确的。人致富的途径只有三个：劳动、被施舍和盗取。劳动者所得的报酬所以那么少，显然是由于乞丐和盗贼取得太多；假如一个人不是靠自己双手的努力而致富，那么他是凭着别人的劳力而致富的。

——亨利·乔治

让人类获得幸福的方法与工具确实增加了不少，这些都是我们的祖先所料想不到的，但我们真的是幸福了吗？如果只有少数人因而更幸福，则大多数人是因而更加不幸了；如果幸福生活的种种手段只对少数富有的人而增加，便无法不让大多数人感到自己的不幸。由破坏别人的幸福而得到的幸福怎能算是真正的幸福呢？

——卢梭

想想看吧，假定我要去救一个快要淹死的人，可是我却先要求得到他的大部分财产——这是可成立的交易，因为那个人会认为自己的生命比自己的财产更重要。但这算什么契约呢？我们怎能拿别人的财产呢？大多数人拥有的东西是非常少的，或者几乎未拥有任何东西；对他们而言，劳动就是财产，他们不是靠劳动来建立生活的吗？

——伏尔泰

一边是愚昧无知、赤贫、奴隶、堕落，另一边是文明、富贵、权力，以致妨碍了双方的互敬互爱，在这种情况之下，又如何建立基督所谓的同胞爱的基础呢？

——佚名

※

假如你不劳动而获得报酬，必有人劳动而得不到报酬。

4月 15日

谈贫富

在违反基督精神的世界，财富制造幸福与成功。对真正的基督教徒而言，财富是一个人的弱点或虚伪的表现。富有的基督教徒相当于卑怯的英雄，是没有意义的。

大家因为对自己的信赖不够，便以极大的努力想维持既存的秩序。他们因为利欲熏心，所以连自己精神方面的成长都被他们认为不过在于改善自己的物质条件——虽然精神的成长是表现在人真正的历练与对人生的了解两者之关系中。他们对人的尊敬视其富有的程度来决定，而不是决定于人内在的价值。但是真正成熟的人因为对自己理性的自我之尊重，会认为自己之拥有私产、拥有资本是可耻的。

——爱默生

富人啊，听我说，你们应该为周围贫困的人而哭泣而悲伤。你们的财富因囤积而腐烂了，你们的衣服因储藏而蛀虫了，你们的金银都生锈了，锈会反扑你的，会像火一样啃蚀你的肉。你们无止境地储藏财宝，但对耕种你们田地的劳动者你们却未付出该付的钱，他们因而发出呻吟。贫苦劳动者的呻吟传到万军之神那儿了。

——《圣经》

我们到处可以看到有钱人以大众福利为名，却只为个人利益做打算的阴谋。

——托马斯·莫尔

贫困教给我们睿智、忍耐，以及伟大的哲理。

——琐罗亚斯德

※

我们没有尊敬富人的必要，重要的是离开他们的生活，怜悯他们。富有者不能夸耀他们的富有，倒是应该为自己的富有惭愧。

4月 16日

人生在于求道

人生乃在于认识自己那被封闭在有限里的属于神的本质。

唯一的可以直接信赖的现实是“认识的现实”。

——笛卡尔

爱默生等人是正确的，如他们所说，世界只不过是譬喻（allegory）；思想比事实还真实；像魔术一般的童话或传说与真正的历史同样真实，因为童话或传说所象征的是比真正的历史更深刻的东西。总而言之，真正的实在物是精神。这么说那其他的东西都是什么呢？是影子、幌子、形象、譬喻、梦。唯有“认识能力”具有永久性，当然唯有“认识”是绝对的真实。如果“认识”是宇宙，“爱”就是它的太阳。

——爱弥尔

脚底是下过霜的坚硬大地，周围有高大的树木，头顶上是阴暗的天空。我感觉到自己肉体的存在，并想着种种的事情——我就在这一切东西之中认识和感觉。换句话说，我认识并感觉到下过霜的坚硬大地、树木、天空、我的肉体，以及种种想法全都是偶然的东西，这一切都是我五官的产物，只不过是我自己所制造的世界。

对这一切我不做另一种想法，因为我在这世界的认识能力教我如此。我知道我难免一死，死将在我内部造成变化，即使我本身不会消失，我也会进到另一种世界；现在我把自己带着感情的肉体认为就是自己，但到那时候一切都会不一样；世界是这个样子而不是其他样子，只因为现在的我这么认为。

——佚名

在自己的心灵中去寻求神吧，除此之外我们绝不可能在其他地方找到神的。

——加菲德

我们的人生乃在于认识自己的永恒性以及无限性。也就是在受时空限制的状态中认识超时间的和超空间的精神。

——佚名

※

对人的认识指的就是对神的认识。

4月 17日

建立信仰

基督教是有关人自己内心中的神性之宗教。

所谓基督教精神就是基督简明的话中所含的极单纯的事实；是对人的爱，是去除所有限制的对神的爱。其信仰的宗旨在于让自己如天父一样完美无缺。其信仰的唯一形式是过接近神的生活，亦即以最好的方法来做最好的事并去完成最好的目的。这种信仰的确立乃在自己灵魂的声音里边，因为作为万物之根源的神就在你的心灵深处。

这一切都是非常简单的，是连小孩子都能了解的，而且那又是一种美——超乎最伟大的知识所能想到的一种美。

——西奥多·帕克

自从摩西到基督，伟大而具有高度智慧的宗教上的发展，在某些人之间以及某些民族之间被完成了。自从基督的时代一直到现代，宗教在某些人和某些民族之间的发展更具重大意义。古老的错误被丢弃了，人类开始认识新的真理。所有宗教上的伟大天才为大家带来了在宗教认识上的新材料。

——西奥多·帕克

一个人若对自己的生存意义缺乏明确的了解，或缺乏信仰，便会常常拒绝生活在神的名下，而在恶魔的名下过着危险的生活。

——佚名

人生是个过程——人生的目的并不容易实际把握，人只知道走向那目的的方向。

——佚名

一切宗教教义的本质是爱。关于爱，基督教有个特征，即不以暴力对抗恶——这是爱的主要条件。

——佚名

※

人若想获得力量，获得平安，那么在自己心中确立信仰吧。

4月18日

知识的量与质

重要的不是知识的量而是知识的质。有些人知道很多，但对于最重要的事情却不知道。

为了表达和接受真理，必须克服许多困难。说谎当然是真理之强敌，但真理之最危险的大敌是下面几种人：总是得意扬扬高谈阔论、凡事想做一番检讨的作家；其次是自认有识之士，他们希望看到自己的论点在所有人的行为中反映出来；还有就是盲目相信一切的愚蠢的善男信女，他们甚至对十五岁以前所接受的东西都不重新评估一下，他们所建立的只是在盲目的基础上探索的一点东西。

——李希登堡

徒具学问不做事的人，如同不下雨的云。

——东方箴言

无论哪一种学问都有过分袒护那种学问的人，而这些人往往就是刚刚走进那学问的领域并已暗自感到其缺点的人。

——李希登堡

表示不知道是无害的，也不是什么可耻的事；任何人都无法知道所有的事。但明明不知道的事却装成知道的样子则是可耻的，而且有极大的害处。

——佚名

人绝不可能知晓世界上所有的事情，因此人对许多事情往往做了错误的判断。人的无知有两种：一种是纯粹的自然的无知，是人与生俱来的无知；另一种可以说是圣贤的无知。当一个人研究过所有的学问，懂得了过去和现在的人所穷究过的事情，他便同时发现这一切知识全部加起来也不足以真正了解神的世界，他终会相信有学问的人实际上与普通没有学问的人一样什么都不知道。

但有一些浅薄的人只抓到学问的一点皮毛，却为此自夸起来；这样的人虽然不是完全没有知识，却无法到达真正智者的境界——能领悟到人的所有的知识之不完整性以及微不足道，才算是真正的智者。前面所提到的自认有学问的人，亦即那些搅乱社会的人，对任何事情都很自负地做轻率的判断，当然他们总是不断出差错的；这些人因为制造烟雾蒙蔽人的眼睛，所以往往博得不少人的尊敬。但纯朴的民众反而识破他们的无益而轻视他们；他们也称民众为愚昧无知之徒而加以轻视。

——巴斯噶

一般学者往往对空论比对人生思考得更多，我们必须注意空论是会产生极大害处的，也就是说，它对真理将造成极大的危害。

——塞内加

有些作家不把思想做率直的表达，却在字句上一再推敲，这种做法是不太好的。如果作者能以最恰当的语言来表达自己的思想，那么他就等于为人类全体的改善尽了使命，而成为值得世人注目的人了。

——李希登堡

※

对真正的知识而言，最有害的就是使用不十分明白的语言以及模糊的解释，所谓“学者”的那一批人就是这么做的；他们因为一切不求甚解，便想出一些不明白的、拐弯抹角的、架空的语言来。

4月 19日

苦恼有助精神成长

一个人若不懂得苦恼的好处，正表示他还没开始过智慧的生活，也就是还没开始过真正的生活。

人类所有伟大的事情只有经过苦恼才能被完成。基督知道等着自己的就是苦恼，而且他预见了一切——他知道那些掌权者所怀的憎恨与残暴（权力是他必须加以粉碎的），也知道这些人的秘密、诡计与暴力；知道那些忘恩负义的人（他曾经为这些人治病，曾经在旧社会的荒野以自己话中所带的天上之粮来养育他们）；他同时也预见十字架和死，还有比死本身更痛苦的事，亦即为自己的同胞所抛弃。这些思想一直伴随着他，一刻不离；即使他的肉体推开“这一个苦杯”，他的坚强的意志却毫不犹豫地接受它。基督因而给那些将继承他使命的人——亦即那些像他一样，为了拯救世人，为了让世人从迷妄与邪恶获得自由而必须忍受艰难困苦的人——一个难得的榜样。

大家若想到达基督所指引的目标，就必须和他走一样的道路；只有这样的牺牲大家才能为别人服务。你们都希望世界上所有的人成为真正的同胞，你们都想唤回大家共同的自然法则，你们都想对抗暴力、不法与虚伪，你们都想唤回地球上的正义、真理、权利、义务以及爱的王国，而那些把权力建立在与此相反方向的人怎能不起而反对你们呢？他们难道能自动破坏自己的殿堂，而允许你们建立起另一种以神本身为基础的、非人为的永恒的殿堂吗？假如你轻率地抱这种希望，你还是把它放弃吧！你是必须把苦杯喝得一滴不剩的。他们会把你像盗贼般抓去，向你们求假证据，并根据这个假证据对你们大喊："他冒渎了神！"法官将宣判："他该处以死刑。"若有这种情形发生，你应该高兴，你更应该怀着希望，因为这是最后的证明，是你领受神恩的证据。

——拉梅内

苦恼为我们启示人生的意义，就如同黑夜的天空出现亮光。

——梭罗

苦恼能助长精神；没有苦恼就不可能有成长，人生也不可能向上，人因经历苦恼而深入生命，苦恼是生活不可缺的有益条件。因此有人说，有不幸来叩门的人是为神所爱的人。

——佚名

疾病、沦落、严重幻灭、破产、离开亲友——这些事情一开始都被认为是不可挽回的损失，但岁月将显现深藏在这些损失中的强烈恢复力。

——爱默生

知道下面一件事情是多么大的喜悦：人生的真理是一扇门，把这一扇门打开，人就可以从原始的无意识的世界走向睿智的自觉的世界。在前者的世界，苦恼就是苦恼，死亡就是死亡。可是在充满睿智的自觉的世界，人生却因苦恼与死亡而变得幸福，也就是说，由苦恼而出现共同的、宇宙的、属于神的、永恒不灭的人生。苦恼是多么好的预兆。

——布加

人如何看自己的命运（或如何接受它），无疑的，比人生的命运究竟是什么（实际如何）的问题更重要。

——夫姆波尔德

小苦恼会使我们脱离自己，可是大苦恼会使我们回到自己。有裂痕的钟，声音是浑浊的，若把它分成两半，声音将又变得清脆。

只过肉体生活的人无论遇到怎样残酷的、严重的苦恼，都不会产生精神上的反抗或怀疑，因此对这样的人而言，忍受苦恼是容易的事。但对于过精神生活的人而言，苦恼经常是促使人走向完美的力量，它是光，将带领人接近神；对这样的人而言，苦恼成为完成人生的助力。

——佚名

宗教的力量与幸福在于宗教能明白给予人存在意义以及终极目标。但如果我们丢弃了由宗教流出的一切道德的根源（就像我们在这个科学万能与知识自由的现代所做的），那么我们就无法知道我们究竟为什么来到世界，以及我们在世界上该做些什么这一类问题了。

命运的本质带着逼人的神秘从四面八方包围我们，为了不对人生悲剧性的不合理现象感到痛苦，我们岂不是要完全停止思考？但如果我们能了解世界的形成是具有内在秩序的，如果我们推测天意，对于肉体的苦恼、道德上的邪恶、精神或感情的烦恼、不义者之幸福、正直者之不幸等就较能忍受。“信者”即使受伤还是喜悦的，对“信者”而言，甚至连仇敌的不义或暴力都能忍受，即使敌人的罪都无法剥夺“信者”的希望。但是在一切信仰都消失的世界，恶与苦恼将失去其意义，人生看来只不过像一场可厌无望的恶作剧。

——法朗士

只有经历过苦恼，我们才能了解人的灵魂是互相亲近的；只有耐得过自己的苦恼，我们才能了解所有受苦的人，才知道应该对他们说什么——这样的事情只靠头脑几乎是无法了解的。

——果戈理

神是伟大的，神将加深我们的智慧，而神用什么方法来加深我们的智慧呢？是以悲伤苦恼，是以我们想逃避的悲苦。苦恼或悲伤是神为了让我们获得从书上得不到的智慧而赐给我们的东西。

——果戈理

人因神所加的处罚而有良好的行为；也就是说，人必须因神所加的苦恼而高兴，因为苦恼带给人很大的好处。

——佚名

※

始终过着精神生活的人不可能不承认苦恼是促使人到达完美境界的力量；对他而言，苦恼将完全失去可悲的意义，而变成幸福。

4月 20日

真正的幸福

对于过灵性生活的人而言，自我否定是走向幸福的道路。过动物生活的人则把情欲的满足当作幸福。

爱父母过于爱我的，不配做我的门徒；爱儿女过于爱我的，不配做我的门徒。不背着他的十字架跟从我的，也不配做我的门徒。得着生命的，将要失丧生命；为我失丧生命的，将要得着生命。

——《马太福音》10：37～39

对人而言，最幸福的事莫过于为别人的幸福而抛弃利欲，而无私地努力，这指的也就是为永恒的幸福而努力。若所有的人都能像目前为个人利益尽力一般地为社会利益尽力，大家就可以获得和平与幸福。而且到了那个时候，目前所看不到的神的睿智就会展现在我们面前。

——露西·马洛丽

于是耶稣对门徒说，若有人要跟从我，就当舍己，背起他的十字架，来跟从我。因为凡要救自己生命（灵魂），必丧掉生命；凡为我丧掉生命的，必得着生命。人若赚得全世界，却赔上自己的生命，又有什么益处呢？人还能拿什么换生命呢？

——《马太福音》16：24～26

爱自己是灵魂的监狱，它将剥夺人的幸福，如同监狱剥夺肉体的自由。

——露西·马洛丽

当我们为别人而活的时候才真正为自己而活。这句话听起来也许奇妙，但最好亲身去体验，当你有所体验，你自然就相信了。

——佚名

※

若一个人过的是灵性生活，否定尘世的幸福就不是痛苦的事，事实上他也只能那样做。但他将因此而逐渐成为善良的人，环境也将因此而逐渐获得改善。

4月 21日

以爱为生活的基础

基督教徒的世界变成充满肉欲的世界，而且看来似乎无法自拔。想脱离这种不幸的状态是有一个方法的，那就是让爱的教训复苏。

我这样吩咐你们，是要叫你们彼此相爱。世人若恨你们，你们该知道恨你们之前已经恨我了。你们若属于世界，世界必爱属于自己的；只因你们不属于世界，乃是我从世界中拣选了你们，所以世界就恨你们。

——《约翰福音》15：17～19

人越是扩大没有信仰的行为，爱也就跟着逐渐冷却。

——《圣经》

我们要对真正值得同情的状态——道德、睿智、好习惯等丧失的状态表示同情是困难的。我们反而容易同情大家自认可怜的状态——财产、家族、美丽、健康、世俗的幸福等丧失的状态。

——佚名

你亲爱的兄弟们因饥饿而死，你却因饱食而显得慵懒；兄弟们赤身裸体，你却为衣服操心，为了怕虫咬还拿东西罩着，你如果能把衣服罩到裸体的人身上不更好吗？当你把衣服送给大家的时候，你就能解除各种烦恼了。因此假如你不愿衣服被虫咬，你就把它送给穷人吧，穷人知道怎么样好好收拾衣服的。

我们不断谈过这件事，但是你们并未接受。因为你们的心是贫乏的，你们落在世俗里，只求物欲的满足。但不要认为我是在宣判你们的恶之不可救药。醉心于自己之富裕的那些人如果能倾听我所说的话，那么他们就会同意应该生活在贫困之中了。一个人为什么能委身于贫困呢？因为贫困者虽然没有黄金或许许多多的衣服，但他们有面包和水，他们有探望病人的脚，有安慰不幸者的舌头和话语，有照料别人的屋子和床铺。

——琐罗亚斯德

对待物质可以没有爱，像伐木、造瓦、炼铁都不用爱，但对待人是绝对不能没有爱的。

这是因为人与人之间的互爱乃人生之根本法则。有人说我们可以勉强地做事，却无法勉强地爱，这是真的，但不能因此就断言人可以没有爱，尤其当别人对自己有所期待的时候。一旦对别人感觉不出爱，那么静坐一下，然后做些自己喜欢的事。只有在想吃东西的时候，吃东西才有益无害，同样的，只有在自自然然爱别人的时候才有益无害。容许自己暂时有不爱别人的时候，但与别人接触的时候则必须完全消除残酷与暴虐，这样也就能解除自己本身的苦恼了。

——佚名

基督最重要的戒律是对仇敌的爱——若不能遵守此戒律，则自称基督教徒的人到底是不是真正的基督教徒，我就不能不表示怀疑了。

——莱辛

为了完成最大的幸福，最小的恶都应该避免。

——巴斯噶

人若容许自己有向邻人行暴力的可能存在，那么关于爱的一切教诲都将变成空话。

——佚名

基督教教给我们的是人人平等；亦即神是父，众人是兄弟的教诲。这个教诲在扫除还奇迹似的存在于文明国家的暴君制度；这个教诲在切断奴隶的锁链，在打破如下的一种大欺骗：少数人利用群众的劳力来过奢侈的生活，并允许自己拥有黑奴的骗局。这些是基督教徒应该去做的第一件事。特权阶级虽然遵奉基督教，但当他们明白上述教诲之牢不可破时，他们便只有背叛它。对他们而言，基督教已经抛弃了最初的真正的基督教所获得的胜利，只不过成为他们所利用的工具罢了。

——亨利·乔治

※

不要迎合世界，不要随时准备过世俗的生活；假如你采取这样的生活方式，你就无法接近爱的王国。你应该过接近这个王国的生活，为此你绝不可以把自己的生活建立在暴力上，而应该建立在爱之上。

4月 22日

认识自己就是认识神

认识自己也就是认识神。

耶稣大声说，信我的，不是信我，乃是信那差我来的。人看见我，就是看见那差我来的。我到世上来，乃是光，叫凡信我的，不住在黑暗里。若有人听见我的话不遵守，我不审判他；我来本不是要审判世界，乃是要拯救世界。弃绝我不领受我话的人，有审判他的；就是我所讲的道，在末日要审判他。因为我没有凭着自己讲；唯有差我来的父，已经给我命令，叫我说什么，讲什么。我也知道他的命令就是永生；故此我所讲的话，正是照着父对我所说的。

——《约翰福音》12：44～50

最伟大的知识是认识自己。而认识自己就是认识神。

——圣贤思想

人有一种基本特性——一些人怀着爱，对另一些人则不爱——这虽有程度上的差别，但这并不是由空间的和时间的条件而产生。相反的，无论时空条件对人有没有作用，人生到世界上来就具有爱一些人不爱另一些人的特性。因此，在同样的时空条件下诞生并受教育的人却互相憎恨着，这是对人内在自我的最严重的背叛。

——佚名

一个人若没有纯净的灵魂，他又如何能敬神呢？如何能说自己要去做礼拜呢？行恶的人如何能做真正的礼拜呢？

神圣的东西并不在森林中，或天空，或地上，或圣河。净化你的肉体吧，如此你就能见到神圣的东西。把肉体转向祭坛，抛弃邪念，以心眼来看神。当我们认识神的时候也就能认识自己。如果没有亲自的体验，只是靠书本是无法清除我们的恐惧的，就如同画出来的火并不能赶走黑暗一样。无论你的信仰你的祈祷如何，只要你自己内在里没有诚意，就无法走上幸福的道路。认识真理的人将获得重生。

幸福的根源是在心中，想到别处去寻求是愚蠢的，这就和牧羊人正在寻找抱在自己怀里的小羊一样。

为什么我们要找来那么多石头盖大寺院呢？神是一直都住

在我们心中的，我们何必那么辛苦呢？

看门狗还胜过没有生命的偶像；一个伟大的神胜过所有的半神。

每个人心中都存在着如晓星般的光，它是我们所寻求的避难所。

——佚名

对着不认识自我的人大喊：“离开自己赴向神吧！”——这样做是滑稽的。这种话应该向认识自我的人说。

——佚名

※

人只要认识自己精神上的本质，就能够把自己的“我”从不安的、悲哀的、附属别人的世界转移到自由的、巩固的、喜悦的世界。

4月 23日

真正的善是单纯的

真正的善通常是单纯的。尽管单纯是那样具有魅力，那样有益的东西，但单纯的人实在少得令人惊奇。

所有的“获得”都被称为进化。其实“获得”通常都伴随着某种损失，例如大家认为社会因新发明而丰富了，但从另一方面看，我们任何人都会失去与生俱有的某种特性。文明国家的人虽拥有马车，自己的脚却因而变软弱了。他们虽拥有漂亮的时钟，却因而忘了由太阳辨识时间；他们买历书，以为自己所要的东西那上面都可以找到，但他们却不再能区别天空的星星，搞不清春分秋分。真正有智慧的人能舍弃多余的东西，只把握重要的不可缺少的东西。

——爱默生

为爱尽力！说话要谨慎，而且要克己，凡事努力！口不出恶言，也不行恶。为了行善事而克服懦弱和羞耻。做的、说的应该都是些必要的、善良的——以爱为出发点的事。所有微细的、不显目的言行是爱之树的小种子，但不久就会长大，使得全世界都可以在它的树荫底下。

——佚名

我们无需另外探求善事或善良的行为，我们只要在现有的状态下怀着宗教精神好好做该做的事，我们过的便是善的生活，充实的人生。

——佚名

所有伟大的事情显然是在不引人注目的、谦逊的、单纯的状态下完成的。雷电大作的时候，耕作、建筑、家畜的照料，甚至思考不是都难以做到吗？伟大真实的事情通常是单纯、谦虚的。

——佚名

※

刻意要表现单纯的人是最不单纯的人。有意单纯是最无趣的技巧，最大的不自然。

4月24日

精神的力量

了解自己与神之相系不可分的人，在“战斗”之中特别能表现真正的勇气。

在世上你们有苦难；但你们振作吧，我已经战胜了世界。

——《约翰福音》16：33

一直到死都为真理而战斗吧，如此神也会为你而战。

——耶稣

奋起吧，尤其在有睿智指导我们的时候！那是个令人振奋的机会。而这样的时候我们是幸福的；换句话说，只要能在这种时候奋起，我们便是幸福的。即使大家都警告我们有危险，都拒绝跟随我们，都反对我们，我们还是幸福的。

——佚名

我所说的话你现在听起来也许会觉得残酷，但明天你可能就会听从你真正的天性所告诉你的声音。只要我们彼此都是真实的，你我所要达到的目的也应该是一致的。能抛弃世俗一般人的行为所根据的动机或原因，而毅然决然信赖自己的人是幸福的。

一个人在内心充分完成自己，也就不可能盲从社会、习惯和规则，这样的人精神一定是崇高的，意志一定是坚定的，观点一定是明确的。

——爱默生

无论发生什么事，都不要失去勇气！只要你活得正确，就不会有太坏的事情发生。

——佚名

所有的东西都是不确定的、模糊的、善变的，只有善行是任何力量所不能摧毁的。

——西塞罗

曾经有一位女王遗失了宝石，国内贴出如下的布告："如果在三十天内发现并呈报遗失的宝石，将可获得大笔赏金。但如果在三十天以后才交出，则处以死刑。"犹太学者撒姆尔很快就找到宝石，但在三十天后才把宝石交出。“你住在外国吗？”女王问。“不，我住在国内。”他回答。“但你大概不知道贴出布告的事。”“不，我知道的。”“那么你为什么经过三十天之后才把它交出来呢？你这样不是要被处死吗？”撒姆尔说：“因为我怕的不是死刑，而是神，所以我把它交出了。”女王饶恕了他，对他没有一句责备的话就把他释放了。

——佚名

※

不要期盼你所侍奉的神之大事业早日完成，但你要了解你的一切努力绝不是白费的，你的努力就是在促进这番事业的完成。

4月 25日

精神与自由

人可以认为自己的本质是肉体，也可以认为是精神。若认为自己的本质是肉体，他就不可能是自由的；但对精神实体而言，则不可能有任何有关不自由的问题存在。

我实实在在地告诉你们，那听我话，又信差我来者的，就有永生。我实实在在地告诉你们，时候将到，死人要听见神之子的声音；听见的人就要复活了。因为父怎样让自己有生命，就赐给他儿子也照样让自己有生命。

——《约翰福音》5：24～26

什么是“对神的爱”？那就是把最高创造力导入自己内在里的一种努力。神的创造力潜藏在所有东西里边，而它在世界上的最伟大的表现是在人里边。但为了让这股力量发生作用，人非要先认识它不可。人因为不了解自己能创造最好最高级的东西，所以就做出最恶劣最低级的东西来。

——世界先进思想

我知道我必须不断地自省；我知道神是无所不知的，神的法则是不变的；我也知道神看见一切，存在于一切里边。神贯彻于万物心中，恰如太阳照耀黑暗的房间，而我们也必须努力于反映神的光，就像调子相合的两种乐器互相引起共鸣。

——《中国经典》

当我们在思考灵魂的本质时，若认为灵魂似乎存在于一个未知的地方，或者被困在肉体之中，那么对灵魂的了解是困难的。但如果认为灵魂并不受肉体的束缚，它是必须回到神那儿的，那么关于灵魂是什么的问题就比较容易了解了。

——西塞罗

※

人越是能把自己生活的本质由肉体转移到精神，他就越能感觉到自己的自由。

4月 26日

认识心中的神

意识到神是简单的，任何人都能做到。但学习神就不是那么容易的事。

具有高度智慧（虽非超人智慧）并且谦虚的人，能感觉到自己的有限，却无意超越它。他在这个界限之内发现有关自己的精神以及自己的创造者之概念，他虽能十分明确把握这些概念，却无法如圣灵般思考；他只能谦逊地停步于这些概念之前，满足于站在超乎人类的崇高力量之前，并无意揭开帷幕。只有在这个界限之内，哲学才有益而且必要，超乎这个界限的东西，则不是人类所固有的，那是智者所避开的，也是所有的人无法从知识上去认识的。

世界各民族都有敬拜神的事，即使各民族都以自己的方式给神穿上衣服，但衣服下面往往是同一个神。想求得更高知识的少数人并不满足于这种单纯的认识之论据，他们要求更抽象的神。我无意责备这些人，但假如这些少数人因为自己看不到神而代表全人类主张人永远看不到神，那就错了。

我知道确实有一些狡猾的欺骗者想让多数人相信神不存在。但这种手段绝对无法持续下去，因为人无论如何都需要神的。虽然如此，即使违反自然法则，神以更明显的样子出现在我们的面前，反对神的人为了否定神，他们仍然会想出种种更微妙的理由来——我是如此相信的；人的理智往往听从“情”的要求。

——卢梭

我的内在生活就是良心的活动。良心并非属于我所有，也不以我的意志为依据，但需要的时候它会出现。当它存在于我里边的时候，我跟它是一体的；我能充分意识到自己的良心。对我而言，在所有存在物之中良心是最不可怀疑的东西；良心没有过去和未来，它只有现在；它也未拥有时间、空间、一切属于个人的东西以及善恶。良心在我内心的时候也就是我活着的时候，而此时，我一定会意识到它。其实良心便是神。虽然我无法知道良心来自何处，我也无法知道神具有怎样的面貌，但只要他在我里边，我就能认出他。

——佚名

信仰神是人的本能，那就如同以两只脚走路的能力一般存在于人的天性之中。可是这个本能却被某些人变形，或完全被窒息了。然而依照一般的通则，那应该是一直存在的，对认识能力的充实而言也是不可缺的。

——李希登堡

神存在或不存在，肉体中有灵魂存在或没有灵魂存在，世界是被创造的或不是被创造的——无论肯定的或否定的说法同样都是属于不可解的假说。

——巴斯噶

宗教由神产生，但科学则由人产生。

——德歇尔尼

※

生活在神之中，与神同在吧！
认识自己心中的神，但不要试图给神下定义。

4月27日

勿毁谤人

论断人往往是一种恶，有时候那是极其残酷、极其不义的。我论断人其实就等于对人行恶，而我所论断的人也许正是赏识我，对我行善的人。

你们不要论断人，免得你们被论断。因为你们怎样论断人，也必怎样被论断。你们用什么量器量给人，人也必用什么量器量给你们。为什么看见你弟兄眼中有刺，却不想自己眼中有梁木呢？你自己眼中有梁木，怎能对你弟兄说，容我去掉你眼中的刺呢？你这假冒为善的人，先去掉自己眼中的梁木，然后才能看得清楚，去掉你弟兄眼中的刺。

——《马太福音》7：1～5

有一种最普遍的错误，就是认为每个人属于某种固定的类型，也就是把人定为善人、恶人、贤者、愚者、热情的人、冷酷的人等。但事实上人并非如此。对某一个人我们可以说他大部分的情况是个善人，是个贤者，或是个热情的人，也可以说他大部分情况是个恶人、愚者或冷酷的人。但我们不能说某一个人始终是个善人、贤者；另一个人则始终是个恶人、愚者。但我们通常都如此来限定人，这样做是不正确的。

——佚名

你虽然看到邻人的缺点，但你未必看到他的某一个行为比你全部的生活更接近神。若你一直不断地责备他，那么你就是在心里犯了严重的错误，因为即使你的邻人已经因感到后悔而流泪，你都未能察觉；神看到他的悔悟和伤心便已经原谅了他，可是你却一直不断地责备他。

——佚名

我们应该斥责一个因难治的疾病而受苦的人吗？若他的环境令你不快，那是他的罪过吗？关于道德上的疾病我们也必须公平对待。

“可是，”你也许会说，“人是具有理性的，人能够靠理性的力量来察觉自己的罪过。”确实如此，而当我们具备了理性，我们也能因理性的力量帮助邻人去察觉他们自己的缺点。好好运用我们的理性吧，靠理性让邻人的良心觉醒；想治愈邻人的盲目，所凭的绝不是愤怒与傲慢，而是理性。

——奥勒留

如果有两个人互相敌对，那是两个人都不好。在零上面无论加多少零，答案还是零，怀有敌意的人加在一起，出现的终究是敌对状态。

——佚名

在人与人之间有争端发生的时候，无论争执的程度如何不同，一定是互争的两个都不好。如果只有一边不好，争论便无法燃起。火柴是无法在镜子那般光滑的表面擦出火来的。

——佚名

一个人走错了方向必自食其果，假如我们了解这一点，就不再对人感到愤懑，也不再跟人有争执。

——佚名

※

当我们听到有人开始非难别人的时候，若能立刻加以劝阻，大家就能相处得比较和谐。

4月 28日

怠惰与勤劳

认为怠惰是幸福，勤劳是惩罚真是一种奇妙的错误，而且是有害的错误。

肉体的劳动有其重要的作用，就是可以防止头脑做没有目的的活动，也可以让头脑变得灵活。

——佚名

宫廷的肉欲生活无论怎样迷惑人，都是又愚蠢又不自然的。因为快乐本身如果变成一种例行公事，就不可能是真正的快乐。只有从工作与工作间的短暂休息，才能获得真正的健康快乐。

——康德

从实际意义的人生看来，权力、财宝或特权是任何人都不应该拥有的，但义务则是无止境的。人类最初的不可置疑的义务是参与对大自然的斗争——为了自己的生活，也为了别人的生活。

在个人生活上若想逃避与自然斗争的义务，他必然遭到肉体立刻毁灭的命运。在与别人的共同生活上，若想一个人逃避与自然斗争的义务，他一定会遭到理性生活立刻破灭的命运。

——佚名

幸福的不可置疑的条件是劳动。而这里所指的劳动，第一必须是由自己来进行的自由的劳动；第二必须是能增进我们的食欲和给予我们深沉睡眠的肉体劳动。

——佚名

肉体劳动不但不会剥夺知性活动的能力，反而能增进它，鼓舞它。

——佚名

肌肉劳动对所有的人而言是义务也是幸福。但智能与想象力的活动是特殊的活动，那只有对以此为天职的人而言是义务、是幸福。而这种天职只能由某种牺牲来获得了解和证明；学者或艺术家为了完成他们的使命，他们只好牺牲个人的安逸和享乐。

——佚名

怠惰本来是应该被封闭在地狱之苦痛中的，可是相反的，它一向都被安置在极乐之中。

——蒙田

无论怎样卑微的劳动，只要去做，一个人的心灵就能获得平安。不劳动的可怜虫必被怀疑、悲哀、后悔、愤怒、自暴自弃等恶魔乘虚而入。人一旦奋然从事自己的工作，所有这些恶魔便无法侵袭他，只有在远方向他吼叫而已。这种时候他才真正成为一个人。

——卡莱尔

劳动是人所欲求的，当它被剥夺的时候，人便会引起苦恼。但劳动并不是道德；若把劳动当作功绩或道德，就和把吃东西当作功绩或道德一样的畸形。

——佚名

※

若想让灵魂处于良好的状态，最好的办法是劳动，但到累为止，绝勿勉强。灵魂的良好状态总因怠惰而遭破坏，但有时候也会因疲劳过度而遭破坏。

4月 29日

生病有助人的觉醒

人无论在病弱的状态或健康的状态，同样都能完成自己的使命。

人若对生命的永恒性具有信心，那么所有的疾病都可以看成是从一种生活走向另一种生活的条件——这种转变毋宁说是人所盼望的。如此我们就会像忍受劳动的痛苦那样忍受疾病的痛苦；我们所以能忍受劳动的痛苦，主要是因为我们知道会有好结果产生。遭遇病苦的时候，也就是我们把握真相的时候，也是我们应该准备面对新状态的时候。

——佚名

平常一般人都认为只有健康的时候才能侍奉神，才能为别人服务，其实不然，而且情况甚至是相反的。基督对神和人所做的最大奉献，是他在十字架上面临死亡却原谅了置他于死地的那一刻。凡是生病的人也都可以这么做的，因此，对神与世人的奉献，到底以健康的状态适合，还是生病的状态适合，毕竟难以断言。

——佚名

人已经认识到在一切思考中没有比对死亡的思考更有助于人的道德生活的。方向错误的医术不以减轻病人的痛苦为目的，而以让人免于一死为目的，并且叫人抱此希望，撇开对死亡的思考；这样做等于剥夺了人在道德生活上的最重要的觉醒。

——佚名

当我们照顾病人的时候，往往忘了什么事是对病人最重要的。实际上最重要的并不是向病人隐藏死亡已接近的事实，而是唤醒病人认识自己生命中得以逐渐成长的灵性——这与衰亡是无关的。

——佚名

※

疾病大部分情况都使人逐渐消耗肉体的力量，却使精神力量获得自由。对于将自己的意识集中到精神领域的人而言，疾病并不在剥夺人的幸福，相反的，是在增进人的幸福。

4月 30日

人生的意义

我们活着不能不知道我们是为了什么而活，人必须弄清楚的首要事情就是这种人生的意义，何况过去和现在都有人弄清楚了。可是有不少自认有学问的人陶醉在自己架起的空中楼阁，并以此自傲；他们认为人生是没什么意义的。

当一切都显得不可靠、短暂并反复无常的时候，只有道德在深深地往下扎根，而且任何力量都无法拔除它或摧毁它。

——西塞罗

世界上有下面两种对立的人生观。

有人说："我认为自己（由自己双亲所生的存在物）以及所有活在我周围的其他存在物同样都是活在我的探索与研究范围的一定条件下。我研究自己和自己以外的生物、非生物，以及让所有东西存在的诸条件，并依据这样的研究来建立自己的生活。”

“关于起源的问题我也是以完全相同的方法来研究，我从观察与经验中逐渐获得许多知识。但是我认为有关这世界从哪里来，它为何而存在，我为什么活在其中等问题是无法回答的，因为对这些问题我们无法获得明确而充分的证据。也因此对于神（我的创造者）是存在的，或神是为某种目的而决定我的生活法则这一类答案我是不承认的，因为它们缺少有关种种生活现象的原因或条件以及诸问题的解答所具备的明确性与实证性。”——这么说的人是不可知论者，除了观察以及对这些观察的研究之所得，他们不承认还有其他获得知识的可能性，他们即使不是正确的，却具有合理的理论根据。

另一方面承认神的基督教徒说：“只因为我承认自己的存在之合理性，所以我才认识到自己的存在。既然我承认自己是合理性的存在物，我也不得不承认自己的生活以及其他一切存在物的生活同样都是合理的。为了达到合理性，那是非具有目的不可的；而这个生活的目的必须是在我之外，亦即必须存在于一个包罗万象的‘大实在’之中；这个大实在是确实存在的，因此在我生活中即非去完成其法则（意志）不可。”

“但要求我完成其法则的大实在究竟是怎样的一种东西呢？这种合理性生活何时发生在我心中，怎样发生在时空相异的其他存在物之中呢？或者说，神是什么？神是如何创造这个世界的？是神创造世界的吗？精神何时发生在我之中？精神怎样成长、怎样发生在其他存在物之中？它来自何处？走向何处？它是存在于肉体的哪一个地方？……所有这些问题都不是我所能回答的，因为我知道在观察以及对观察的研讨领域，我绝对无法获得最终答案，一切都隐藏在时间与空间的无限性之中。因此如果从科学上来回答有关世界怎样开始的，灵魂怎样开始的，那是在头脑的哪个部分被发现的这一类问题，我是不予承认的。”

在第一种情况下，不可知论者认为自己只是一种动物性的存在物，因此只承认属于外在感觉的东西，他们并不承认精神的起源，却与自己的存在之无意义（这虽破坏理性的要求）相妥协。

在第二种情况下，基督教徒认为自己是一种合理的存在，因此只承认合乎理性要求的东西；基督教徒不承认外在经验所给的现实性，因而认为那是空幻错误的东西。

两种说法都有道理，但两者在本质上是不同的：根据第一种世界观，认为世界上一切东西虽然都是严密地属于科学的、逻辑的、合理性的，但只有人以及全世界的生活是例外，是不具任何意义的。因此从这种世界观出发，尽管有趣的想法层出不穷，却流不出任何为指导人生所必要的东西。若根据第二种世界观，则人的生活和全世界的运作是具有某种合理意义的，每个人都能因而达到最单纯的生活；且守其本分的科学研究之可能性也不致因此而遭破坏。

人生是可以通过“认识”展现给我们的，而且随时随地都可以看到它的真面目。认为人生躲藏在隐秘处的想法是错误的。

人生的真正目的是了解永恒的人生。

——佚名

人虽无法知道他为何而活着，但他不能不知道自己该如何活下去。

在大工厂里的劳工虽不知道自己目前所做的事是为了什么，但好劳工都知道该如何去做现在所做的事。

——佚名

我们可以看到两种人生观：有些人对人生是从感觉的、个人的方面来看，认为世界是为他们而构成的，神是为了人的需要才被想出来的，他们并为无意义的苦恼和无意义的死骚乱不安。其他一些人对人生却持相反的看法，他们是从精神方面来看人生；根据这种看法，人是为了世界、为了神而活着；即使人将痛苦而死，很显然地也被认为是为了世界的生活所需，是合乎神意的。根据第二种人生观，我们的诞生、我们受难的生活、痛苦的死都是有意义的；世界的造成是合理的、有目的的。但第一种人生观则认为一切皆无意义且皆荒谬。

这两种人生观虽走的路不同，却都在向着真理、向着同一个目的走。持第一种见解的人是不愿被征服的，因此不断战斗，处处面临失败、疲劳、悲哀、疾病，使得人生充满了痛苦，但他毕竟要屈服于宇宙的力量，或者说，毕竟要如同奴隶被套上枷锁般屈服于神的法则和意志；他们背负极大的苦恼，享有极少的幸福。若按照第二种观点，则人是有意识地迈向真理，是作为天父之子而走过所有痛苦的境遇；尽管痛苦可能是不自然的，但人生的喜悦、人生的幸福却都是又实在又自然的。

——布加

※

所有的存在本身都具有某种机能可以为自己指示自己在此世的位置。对人而言，这个机能是理性。

假如理性无法为你指示你在此世的位置与使命，那不能归罪于此世的组织之不当，而应该归罪于你的理性本身以及你给它的错误方向。

5
月

May

5月 1日

崇高的法则

对于认得“最高法则”并逐渐在完成它的人而言，没有什么是可以让他恐惧的。

阿布·加尼哈福死在巴格达的监狱里。他由于拒绝承认卡达的教义而被下狱。这一位有名的教师曾经受到鞭打，他对鞭打他的人说：“本来我可以用侮辱来回报侮辱的，但我没那么做；我可以向国王控告你的，但我没那么做；我可以把你加给我的侮辱靠祈祷传给神的，但我没那么做；当审判日来到，我本来可以在你之上呼唤神而复仇的，但即使这一天很快来临，神可以听到我的祈祷，我也会把你一起带向天国的。”

——德黑贝罗特（波斯）

不要以为只有勇气与力量就可以算是男子汉大丈夫，真正的勇者必须是能克服愤怒，能宽恕别人的人。

——德黑贝罗特

严以律己吧，但绝不要失去信心。

——佚名

明知非做不可而不去做，就是卑怯。

（原文：见义不为非勇也。）

——孔子

任何悲哀都不会比对悲哀所怀的恐惧更大。

——果凯

我在暗中告诉你们的，你们要在明处说出来；你们耳中所听的，要在房上宣扬出来。

那只能杀身体不能杀灵魂的，不要怕他们；唯有能把身体和灵魂都灭在地狱里的，才需怕他。

——《马太福音》10：27～28

如果有人侮辱我，那是对方的问题；是他的特质，他的性格使他如此。我也有我的特质，我的性格，或者说我的秉性；我的行为也是受我秉性的影响。

——奥勒留

“无论如何不要气馁，不要为昨日之事悲叹。”圣贤如此告诉我们。是的，做你该做的事，如天上之星，不眠不休，不慌不忙。

——格迪

你要晓得当你有所恐惧的时候，恐惧的原因并不在你之外，而在你之内。

——佚名

※

你越是把生活放在肉体上，你所恐惧的事便越多。

把你生活的意识引入精神领域吧，如此一切恐惧便会自然消失。

5月2日

真 理

人不承认真理，往往是因为有人向他提示真理的时候，他感觉到那种提示方式对自己是一种侮辱。

人与人之间的争执，如水之决堤；水一旦决堤，便难以阻挡。

——《犹太法典》

引起争执是容易的，消除它却如扑灭熊熊之火一般困难。

——《犹太法典》

当我们与人争执而开始生气的时候，我们已经不是在为真理而争，是在为自己而争。

——卡莱尔

我无法相信我以外的其他人不具备种种思想，我不能不相信他们也具有优秀、可信的判断力。否则，我希望借着我写的论文求得知音便是徒劳。同样的，如果我认为我以外的其他人不具备种种情感，我就无法希望对他们道德上的情感有所作用，或者说我不能不相信他们也具备某种程度的善心，否则，无论我如何写了有关罪恶的文章，如何赞扬道德，他们还是无法对罪恶感到憎恨，在道德上有所觉醒。

——康德

为了善导行恶的人，论断他们的缺点是不必要的；重要的是唤醒隐藏在他们内心的德性。

——露西·马洛丽

争辩的时候必须尽量做到语气缓和，但确实叙述论点。重要的不是激怒对方或侮辱对方，而是说服对方。

——潘恩

为了让真理获得胜利，最重要的是信奉真理的人之冷静。真理所苦恼的往往不是反对者之攻击，而是拥护者之激情。

——佚名

无论说话的人多愚蠢，你都要运用你的智慧去倾听；亲切的回答能去恶，侮慢的回答将激怒对方。

——佚名

如果有人是值得称赞的，绝勿吝惜对他的称赞，否则便可能剥夺了他所应得的支持与肯定，而让他脱出现在的轨道。不仅如此，你自己也可能因此而失去对他的勤劳所应付出的报酬之权利。

——罗斯金

※

如果你拥有真理，或者你只是自认为拥有真理，无论如何都以最单纯的方法来传达你的真理吧！最重要的是绝不攻击对方的意见，你只要以爱心温和地传达你的意见就是。

5月 3日

使命与幸福

无论大家如何安置自己的使命与幸福，科学都必须是对人的使命与幸福之研究，而艺术必须是这种研究的表现。

贤者为求知而学习，愚者则想为人所知而学习。

——东方金言

目前我们称之为科学或艺术的东西，都是空洞的知识与感情的产物。那是以发泄或消遣这种空洞的知识与感情为目的，现代的科学与艺术对民众而言是不可理解的，它们无法给民众任何东西，因为它们并未顾及民众的幸福。

——佚名

只要自己的能力与境遇允许，人都是为创造自己以及邻人的幸福而活着的。在这种情况下，为了早日到达这个最终目的，人会利用前人的经验；他也就为此而学习。如果把这个目的除外，那么学习就只是把别人所做的事情重复一遍，这样所从事的学问是最下乘的学问；这样的人无法称为真正的学者，如同图书目录不能算文章一样。

我们不是只要知道事情就好；我们的使命必须是如同前人为我们所做的那样，我们也要为未来的人而尽力。但我们绝对无需仅为学习过去学者们的历史而花一辈子的时间；与前人完全同样的思想，除非从新的方面来表现，否则反复那同样的思想就不会有什么益处；当然只要是由你自己思考过的，即使你发现的是前人已经发现过的，那对你仍然是重要的。

——李希登堡

若有人问你如何能认识先知，你可以这样回答：凡是先知，必能给我有关心灵方面的知识。

——佚名

一个人如果为自己而做学问，那学问对他是有益的。但如果为的是摆出学者的样子，做给人看的，那么一个人无论多博学，那些学问不仅无益，甚至有害。

——中国金言

在自己的迷信中比在自己的学问中更有可能接近真理。

——梭罗

※

所有的人有一个共同的人生目的，那就是止于至善。因此，只有能引导我们走向这个目的的学问才是必要的。

5月4日

思想的力量

以语言来表达的所有思想都是强有力的，而其影响是无限的。

我们的思想或情感在其特殊性或暂时性中可能有孤独的现象，但我们所有的思想或情感一定会在人类之中找到回音——或许已经发现，或许将要发现。对于将大部分人类当成自己的指导者或启蒙者的人而言，这种回音是洪亮的，而且具有特殊的力量。

没有一个人的思想对别人是毫无影响的，不同的只是影响程度。只要是心灵的真挚表现或个人信心的表达，无论如何一定有助于某人或某种事物——即使那些事不为人知，或有人堵了你的嘴，或在你脖子上套绳子亦无妨。人所说出的话都具有绵延不断的影响力，就像所有的运动总是借着种种不同形式的转变继续存在着。

——爱弥尔

思想的力量若能以道德为舵，就会变得伟大且稳固。

——塞内加

从人的心中涌出来的好言行，与良好的范例一样有益。

——塞内加

你所拥有的思想或你一向的行为终究会变成你为善或为恶的力量。

——露西·马洛丽

简洁表现的强而有力的思想，对生活的改善有很大的贡献。

——西塞罗

年幼与天真无邪都是神圣的东西。父母是播种的人，父母把能结果子的语言播到儿童心中，这是一种神圣的工作；而且他们通常都是以虔敬的宗教情怀来做这种工作的，因为父母是在为神的王国效力。所有播种的事都是神妙的工作——无论种子落在大地或落在人的心灵。所有的人都好像农夫。一个人如果正确了解了自己的使命，那么他一定能好好耕耘生活，并且处处播下善德的种子。这样的使命是神圣的，而语言是其重要工具。

我们总是忘了语言是播下的种子，同时也是一种启示。合时宜的话，其结果是不可限量的；语言所含的意义是多么的深刻！然而由于我们是具备肉体的存在物，因此我们总是鲁钝的。我们看到了路旁的石头或树木，我们看到了生活的外观，凡是物质方面的东西我们全都看到了，但我们就是察觉不到那肉眼所看不到的思想的累积，尽管它充斥空间，而且不断在我们四周振翅飞翔。

——爱弥尔

人所产生的思想，由于人的性情之不同而造成被诅咒的或被祝福的两种结果。

——露西·马洛丽

借语言表现的真理是人类生活中最强大的力量。我们所以意识不到这股力量，是由于它的结果并不立即显现出来。

——佚名

※

利用别人的良好思想吧。而假如你本身不能以好思想来报答，至少你不要宣扬你自己的或别人的错误思想。

5月 5日

教育与宗教

教育的基础应该是宗教上的教诲，也就是人生的意义与使命的阐释。

假如用以解释人生之意义与使命的宗教教义，是数千年前的人所提出的问题之解答，那么它就无法满足现代人了。但我们首先教给孩子的居然就是这种东西——这是多么严重的错误。

教育孩子最好的方法是让他们做到“不知为不知”。

我的意思是，我们没有必要如一般所做的向孩子们暗示；迷信的一切虚妄性全部都有其根据的。孩子们习惯接受不明确的、半信半疑的东西，便会误以不知为知了。

——李希登堡

我们小时候被教得太多也太早的那些含糊不清的知识，等到我们日后长大了却一点用处都没有。喜欢事事有理论根据的人终会变成对自己年轻时代的错误之诡辩家。

——康德

无论康德或李希登堡，他们所考虑的事情是一样的。他们都认为应该教给孩子们的是那些正好能为他们所了解的事情；这些事情是无需等他们长大再另外附加解释的。

——佚名

我们为人必须正直，尤其对小孩更须正直。答应他们的事情一定要做到，否则我们等于教给孩子们不诚实。

——《犹太法典》

※

不要把你完全不相信或有所怀疑的事情教给孩子们，尤其把那些事情当作真理教给他们，这样做是罪大恶极的。

5月 6日

天地有道

我们的心灵中有某种超越死亡的东西存在，我们可能意识到它，也可能意识不到它。

了解别人者是聪明的，了解自己的人则是智慧的。

战胜别人的可谓有力，战胜自己的是真正的强韧。

（原文：知人者智，自知者明。胜人者有力，自胜者强。）

——老子

人生本来便具有神的某些特性，因此这些特性是不会消失的——即使有隐藏起来的可能，却是永存不灭的。

有些人活得长，有些人活得短，我不能因此就说前者比后者更具人生意义。

我很清楚从我窗外通过的人慢慢走过和匆匆走过是一样

的——这个人未出现我眼前的时候即存在，从我视野消失之后他依然存在，这一点我也是很清楚的。

——佚名

我并未信仰现存的任何宗教；无疑地我还是不知不觉受到传统或教育的影响，我还是难免有盲从的地方。但在我的生涯里，我却一直不断地尽我所能深思着人生之道——我就在人类历史中，以及自己的认识中去探索，于是建立了对以下几件事情的不可动摇的信心：死是不存在的，人生是属于永恒的，无止境的进展就是人生的法则；我们生命中的一切能力、思想和抱负都必须是不断地、切切实实地往上发展的；这一切的起源乃超越我们感觉的范畴，由这一点便可充分证明，这一切必然是从一个更超然的世界注入到我们的生命中来的；地球上所消失的不过是一些形式；我们的死，我们肉体的死，我们作为一个活动者的死亡，其实和器具的消失是一样的。

——马志尼

世界必有个开始，道就是其根源。若能认识自己和万物的根源，并认识被创造的自己和万物，那么终身都能脱离危险。若能阻塞欲望之路，封闭欲望之门，那么终身都不会有忧患。

（原文：天下有始，此为天下母。既得其母，以知其子，复守其母，没身不殆。塞其兑，闭其门，终身不勤。）

——老子

神是无限时空里的永恒宇宙的生命；神就是万物的根源，除了这样的神之外不可能有其他的神；一切皆为神所包容，没有任何东西存在于神之外。因此一切存在物都是神的生命之表现。死并不意味生命的终止，而是回到神的怀抱。

——安凡丹

真正的生命是存在于时空之外的，所以死只不过是此世生活形式的改变，生命本身并不因此而消失。

——佚名

对永恒不灭的信念是无法从别人那儿获得的，也无法勉强自己接受它。要具有对永恒的信念，必先有永恒不灭的事实存在；而对自己生命的永恒有所领悟也就表示这个事实是存在的。

——佚名

※

凭我们灵魂中所具备的爱，才可能了解自己的永恒性，并超越对死亡的恐惧。

5月7日

从内在去求幸福

无论现在的生活或未来的生活，希望从自己以外的地方去寻求幸福的人是错误的。

我为了探求那引导自己的光而在世界上到处流浪。我日夜无休止地边走边找。最后我终于听到向我启示真理的教诲，而它就在我心灵之中——我所探寻的光其实就在我自己里面。

——苏非（波斯）

拯救我们的是我们自己，毁灭我们的也是我们自己。任何外在的东西都不能单独成为一个人为恶的原因。假如一个人遵循自己的存在法则而生活，那么即使物质世界破灭了，外在世界破灭了，任何恶都无法围困他。

——露西·马洛丽

基督曾经努力想改革人的内在世界，法利赛人则相反地只注重外在世界；基督责备他们以自己所立的教条破坏了神的真正的教诲。以教诲别人为天职的人若抛弃灵魂（即远离生命气息），以致其教诲因失去最根本的力量而显得无力的时候，便会产生下面的结果：肤浅的信仰习惯将变大变复杂；而且将以这种外在的信仰代替实际的善行，叫人相信人可以不用遵循真理的法则，叫人记取空幻的人生事实。以如此可怜的教条来支持的社会将形成一种虚伪的良心。

一般人总是十分热心地遵奉空虚的信仰，对于最神圣的义务则加以忽视，甚至加以侮辱，以致生活陷于腐败堕落；他们虽在吃饭前洗手，也洗净餐具，却任由灵魂陷在泥泞中。灵魂被抛弃了之后便产生非常多的罪恶，基督便数过他们的罪恶；基督站在与他们对立的立场说："进到你们的灵魂中吧，以便将一切罪恶连根拔起。外在的东西都不是重要的，善与恶都存在于人的内在里。"这便是基督的教诲。奉行其他教条，而不遵从此教诲的人就不是基督的门徒；这种人却为了欺世而冒基督之名。"注意那披着羊皮，实际上却怀着狼心来接近你的人。"基督不是这样说过吗？他们就是这种假先知。基督还说过："只在嘴巴上念着主啊，主啊，心里却不愿意离开恶的人是绝不可能进天国的。"

——拉梅内

命运之中并没有偶然性；人是由自己创造命运，不是迎接命运。

——威里蒙

你的肉体是你的城——你那为善与恶所充斥的城；而你是皇帝，你的理性是宰相。

——佳玛帕达

你的幸与不幸并不由金银财宝来决定；幸与不幸的精灵是在各人心中。

并非不行正义便是不善者，不善者是毫无行正义之愿望的。

圣贤无论在任何国家都觉得和在自己家里一样；对于高贵的灵魂而言，全宇宙是他的祖国。

——姆鲁克

※

希望从自己的努力之外去寻获拯救与幸福，最容易削弱人的力量。

5月 8日

谦　逊

谦逊能唤起爱；伴随着善的谦逊最能感动人，但那是要自己去探求的。

以色列王阿法夫责备那跟在后面来的人说：“如果你有什么反对我的话要说，那就在进城之前说吧，否则要是被其他人听到，你会遭到袭击的。”

——《埃及全书》

门徒起了争论，他们中间哪一个可算为大。耶稣说，外邦人有君王为主治理他们；那掌权管他们的称为恩主；但你们不可这样；你们里头为大的，倒要像年幼的；为首领的，倒要像服事人的。是谁为大，是坐席的呢，还是服事人的呢？不是坐席的大吗？然而我在你们中间如同服侍人的。

——《路加福音》22：24～27

有个冬天，佛兰西斯和弟弟雷夫一起从贝鲁莎走向波鲁。因为天气奇寒，他们冷得发抖。佛兰西斯喊住走在前面的弟弟说：“哦，雷夫，希望我们能在世界各地显示神圣生活的榜样，但别忘了完全的喜悦并不在此中。”

没走几步，佛兰西斯又喊住弟弟说：“雷夫，我们更要记住，即使我们治愈病人，驱走恶魔，让盲人看见，让死人复活，完全的喜悦仍不在此中。”

两个人继续向前走。佛兰西斯又边走边向弟弟说：“雷夫，我们还要记住，即使我们懂得所有的语言、学问或文章，即使我们不仅能预言未来，而且还知道良心与心灵的秘密，完全的喜悦仍不在此中。”

他们向前走了没多久，佛兰西斯又说：“如神的羔羊一般温和的雷夫啊，即使我们懂得什么是天使的语言，懂得星球的运转，即使地球上财宝都展现我们面前，并且得知鸟类、鱼类或所有动物，以及人类、树木、石头和水的秘密，别忘了完全的喜悦仍然不在此中。”

他们继续走了一段路后，佛兰西斯又叫住雷夫。他说：“我们要记得，即使由于我们的传教而使得所有的异教徒转而信仰基督，此中仍无完全的喜悦。”

这时候雷夫向佛兰西斯问道：“那么，佛兰西斯，哪儿才有完全的喜悦呢？”

于是佛兰西斯说：“假设当我们到达波鲁的时候一身是泥，身上因湿冷而麻痹，因饥饿而疲倦，无论怎样乞求看门的人让我们通过，他都不肯开门，而且对我们说：‘你们在世界上到处流浪，做自欺欺人的事，甚至骗取穷人的同情。现在马上给我滚开！’——即使碰到这种情形，我们仍不生气，仍带着爱与谦让，认为看门的人那样说那样做是神暗示他的，于是我们毫无怨尤地忍受着湿冷、饥饿，在雪和泥泞中站到天亮——雷夫啊，只有在这样的时候才有完全的喜悦吧。”

——佚名

江海所以能成为百谷之王接受百川之水，是因为江海善于自处低下的位置。

同样的，圣人若想居于万民之上，说话必定要谦下；若想领导万民，必须处处退让。

因此圣人虽处于高位，对人民并不造成负担；他虽居于万民之前，对人民并不造成威胁。因此天下都愿意拥戴他而不厌弃他。因为圣人不与任何人相争，所以天下没有人争得过他。

（原文：江海所以能为百谷王者，以其善下之，故能为百谷王。是以圣人欲上民，必以言下之。欲先民，必以身后之。是以圣人处上而民不重，处前而民不害。是以天下乐推则不大厌，以其不争，故天下莫能与之争。）

——老子

有人对圣人说："大家都认为你是个恶徒。"圣人却回答："感谢他们还不知道我的全部情形，否则他们会对我做更严厉的批评。"

——佚名

对信奉基督的人而言，每当他爬上一个台阶，都有更高一层台阶等着他爬，台阶无限地向他展现。信奉基督的人总感到自己的不完美；他是不回头看的，他只看他前面非走不可的路。

——佚名

※

避免裁判自己吧，尤其避免和别人比较。你只需把自己拿来和"完美"比较。

5月9日

人生是不断的变化

人生是永不停息的变化；亦即肉体生活逐渐衰退、精神生活逐渐增强的变化。

与自己的争战，自己内心中的挣扎，一定是我们以前所犯罪过的结果。但这种争战，这种挣扎是以爱为基础，以法则为根据的。当母亲把自己的孩子从野兽的嘴里拉开的时候，孩子一定会感到痛，但他的痛当然不是因救他的母亲所引起，而是由攻击他的野兽引起的。在人的不信与信的争战中也有与此完全相同的关系；信仰如同母亲，把我们的心灵从不信拉开，在此争战过程中感到极大的痛苦是必然的，正因为如此我们才有可能获得幸福。假如神未赐给我们做如此的争战，我们将会变得无比恶劣。没有争战，信仰绝对无法从我们内心中产生。

——巴斯噶

随着光射进我们心中，我们将看出自己事实上是比以前所自以为的更糟；我们将会惊奇自己以前是多么的盲目；我们将看到从自己内心中涌现的成串可耻的感情。我们从未想到自己里边竟隐藏着这样的东西，我们会带着恐惧心来看它们。但我们不必惊奇，也不必绝望，我们已经没有像以前那么糟了。

——费内隆

活到老学到老，别期待老年会自然带来智慧。

——梭罗

对我们而言，除去下面那种愚蠢的想法是非常必要的，也就是说，不要认为神会随着时间的推移指正我们的大过失。我们只能借着对自然法则的了解和遵从，一点一滴去改正自己的错误。当我们做菜做得不好的时候，我们可以期待神给我们美味吗？同样的，若我们长期过着愚蠢的、错误的生活，我们也无法期待神会来指正我们，把一切扭转过来，让我们往正确的方向走。

——佚名

道德总是向前迈进的，而且是常新的。

——康德

鸽子的善并非道德，而且我们不能说鸽子比狼更有道德。

开始有理性的活动才开始有道德。

——佚名

※

如果那样更合神意，神早已把我们全人类融合为一个大民族了，可是神却考验着我们。

无论在何处，我们都要以全副力量向善，如此终有一天，神会让我们结合成一体的。

在自我完成的路上绝不可停下脚步。你必须了解，当你对外在世界比对自己的内在世界更感兴趣的时候，你就是停步的；也就是说，这时候世界从你旁边经过了，你自己却停滞不前。

5月 10日

灵与肉

只有精神上的东西是实际存在的；物质上的东西都不过是幻影。

一个人不能侍奉两个主；不是恶这个爱那个，就是重这个轻那个。你们不能又侍奉上帝，又侍奉玛门（玛门是财利的意思）。

——《马太福音》6：24

我们对自己的灵魂与世俗的幸福是无法兼顾的。如果你想要世俗的幸福，那么拒绝灵魂吧。如果你想守住并培育自己的灵魂，那么丢弃世俗的幸福吧。否则你将不断分裂，结果两者都得不到。

当你为世俗的事物而烦恼，生活离了谱的时候，你应该想起自己有一天总会死的。如此，则以前让你觉得非常不幸的事，或让你那么激动的事，再也不那么叫你不安了，这一切你终能泰然处之了。

——艾皮科蒂塔斯

如果有人认为自己的手感觉得到的东西才算真实的存在，那么他仍然是非常无知的人。

——柏拉图

人可以有两种不同样子的生活：真正的（内在的）生活，以及虚伪的、空幻的（外在的）生活。所谓内在的生活就是人已经不仅生活在印象之中，人已经透过一切看到一个港口，一个海岸，也就是见到了神；而且努力把神所赐的才能用于工作上，绝不让它埋葬地下，并且了解人生的目的并不在于自我的满足。

——果戈理

义务驱使我们去感觉物质世界的现实性，让我们参与其中的生活，但它同时也让我们远离那个世界。

——爱弥尔

真正存在的东西是只有那看不到的、摸不到的精神方面的东西，也就是我们在自己内心里意识到的东西。所有看得到的、摸得到的东西都是我们感觉的产物，因此那只是表面的东西。

关于教诲有两种情形：一种是肉体的，一种是精神的。留意前者吧，那是把人引向奴隶状态的教诲。受肉欲或物欲控制的人是作茧自缚的人。遗忘精神生活，只过官能生活的人是不幸的；无论个人或全体国民若完全沉溺在肉体方面的兴趣，吸足了这方面的养分，则过的无疑是蝼蚁之辈的生活。只有精神方面的教诲能给我们自由，给我们真正的生活，也只有这方面的教诲能拯救我们，能让死亡复苏。

一个人若想复活，想从充满腐肉与白骨的古老世界的坟场脱身，那么倾听精神的声音吧！这个声音从哪里来的谁也不知道，因为我们看不到它，我们在杂乱中也听不到它，在大家为了谈论无聊的话题而聚集的集会中也听不到它；它像荒野的呼吸，虽然没有人知道它来自何处，但这个呼吸是明明存在的。再说我们也不知道这个声音将往何处去；今天以为它在这里，明天却发现它在另一个地方。但侧耳倾听者以及准备妥当的灵魂，无论在何处都能发现它；不过它将把愿意受它引导的人带往何处却没有人知道。

——拉梅内

实际上只有一个研究对象，那就是心灵——关于心灵的种种情况及其变化。所有其他的对象，所有其他的研究都只是与它相连的枝条罢了。

——爱弥尔

我可以将自己的思想传达给各种各样的人；假如在这些思想中含有爱与睿智等如同神的力量，那么渡过海洋普及全世界是没有问题的。我的思想是我自己的精神的一部分，因此它是能在同一个时候出现于几千个地方的；反之，我的肉体则一个时间只能存在于一个地方。

——露西·马洛丽

自然并不讲正义；而假如我们是自然所创造的，那么我们为什么对自然的不讲正义感到不满呢？为什么结果会反叛原因呢？这种反叛只是由天真的虚荣心引起的吗？不，那是从我们内心深处迸出的叫声，我们的内心里认为自己是独立于自然的，任何时候都不断要求正义的。天地或许有毁灭的一天，但善是会继续存在的，不义则无法永存，这应该是全人类的信条；精神并不依存于自然（外在世界）。

——爱弥尔

※

我们往往认为最明白的、最容易了解的、最实在的东西都是属于肉体的，是可以凭我们的感觉得知的。但事实上那是最不明白的、最不可解的、最矛盾的、最不实在的东西。

5月 11日

理想境地

完美无缺的理想境地存在于离我们甚远的地方，因此尽管我们的生活有多种多样，看来那么不同，但毕竟只有一个共同的理想远远立于我们每个人之前。

一个人如果缺乏对完美境界的想象力，他便只满足于现存的东西，而不与现实抗衡。而且现实对他而言，即等于正义、幸福以及美。这样的人不可能有成长，也不可能有真正的生活。

——爱弥尔

无论个人或国民，走向完美境界的推动力量并不在于知道“现存”的东西，而是在于对“可能有的东西”之思索。

——马蒂诺

一个民族只有当他们的神已经消灭的时候才会毁灭；也就是在他们不再为道德上的理想而努力，不再努力走向更完善境界的时候才会毁灭。

——《犹太法典》

如神一般完美（至善境界的完美）是所有人类努力要达到的理想。

——佚名

基督教有关“完成”的教诲就是在引导人类走向理想的境界。

基督所讲的“理想”是无法以外界的法则来替代的，而且也不应该那么做；我们必须由自己来保持它的纯粹性，而更重要的是我们必须相信它。

对于离岸不太远的航行者，我们可以叫他凭借还看得到的山峰、海角或海岸航行。可是如果离岸已远，那么引导他的就只有那存在于无限彼方的天体，以及指示方向的罗盘。

——佚名

※

人无论如何堕落，他都有可能看到自己所能达到的理想境地。

5月 12日

人生如旅

人生最有害的错误是大家总忘了肉体生活每小时都在更接近死亡。

人越年轻，犯这种错误也越严重。

我们的寿命的最好的时间是劳动和疾病的时候；因为劳动和疾病的时间易过，而且那也是我们容易飞跃的时候。

——佚名

当我们的肉体和头脑都非常健康充实的时候，往往把心思都用在与别人的麻烦关系或微不足道的事情上面，关于神的问题则置诸脑后。我们似乎要等到已经不再拥有健康和脑力的时候才想到神——而且那似乎也不过是一种礼节和习惯的表现。

——佚名

想一想被上了脚镣手铐的那许多人，他们全部都是被判了死刑的。每天他们之中都有人在其他人面前死去，留下来的人一边目睹正在受刑的人和等待受刑的人，一边凝视自己的命运。

——巴斯噶

我们常看到身居重要地位的人突然死了，也看到其他的人一天比一天衰弱下去，最终死亡。对于这样可怕的事情大家却视若无睹；一般人对它的留意并不超过对花谢叶落的留意。人们在乎的是自己如何去占据那空缺的位置，或那位置将被什么人占据之类的问题。

——拉布吕耶尔

“雨季待此地，夏季移居彼处吧”——愚蠢的人只会这样空想，对死却毫不思索，但死会在突然间来临，把汲汲钻营的、自私自利的、对重要事情冷漠的人带走，就如同洪水把沉睡中的树木突然冲走一般。

当死亡袭击我们的时候，无论子女、父母、亲戚或朋友都帮不上一点忙。有信仰有智慧的人深知死亡的意义，而能立即扫净安身立命的道路。

——佛陀

人是握着拳头降生到世界上来的，这似乎在说：“全世界都是我的。”而当人离开世界的时候是张开手掌走的，那似乎说着:“看吧，我什么也没带走。”

——《犹太法典》

耶稣用比喻对他们说，有一个财主，田产丰盛；自己心里思想说，我的出产没有地方收藏，怎么办呢？又说，我要这么办：要把我的仓房拆了，另盖更大的，在那里好收藏我一切的粮食和财物。然后要对我的灵魂说，灵魂哪，你有许多财物积存，可作多年的费用，只管安安逸逸地吃喝玩乐吧。神却对他说，无知的人哪，今夜必要你的灵魂，你所预备的，要归谁呢？

——《路加福音》12：16～20

“这些孩子是我的，这些财产是我的”——这是愚人的想法。其实连自己都不是自己的东西，孩子或财产怎么会是他的东西呢？

——佛陀

我们都在往一个深渊迈进，但因为眼前有障碍物以致看不到那深渊。

——巴斯噶

以如下的想法活着吧：我们是非马上与人生告别不可了，我们剩余的时间是意外的赏赐啊！

——奥勒留

你的一生是无限时间里极短暂的一小部分，因此你必须好好留意，倾注这短暂的一生去做自己所该做的和所能做的事情。

——塞德·巴·哈美多

无论其他部分是怎样美丽的喜剧，最后一幕总是流血的。被盖上泥土是在人的最后一日，谁也不知道这一天什么时候来临。

——巴斯噶

※

请记住，我们并不一直活于此世，我们只是通过此世。

5月 13日

正视生死问题

每个人都非自己去解决有关生死意义的问题不可。

贤者凡事求诸己，愚者凡事求诸人。

（原文：君子求诸于己，小人求诸于人。）

——孔子

贤者能从所有的事物中去发现自己所需要的助力；因为他的天赋才能乃在于从一切事物之中抽出善来。

——罗斯金

政治上的胜利、收入的增加、病人的复原、外出的亲友回家这一类事情都会让你心里充满幸福而欢欣，你会认为自己所盼望的好日子来临了。但是不要相信这些事情吧，除了你自己之外，没有其他任何东西能为你带来和平。

——佚名

从外在世界去探求有关人生的使命问题之解答是徒劳的；你所有疑问的解答可以在你自己里边探寻，但除非从心里萌芽，使你仍然找不到它；而且你必须让你的答案在和谐的生活中成长，这是成为智者的唯一道路。

——佚名

追求同伴的人是不幸的，因为只有你自己才是你的忠实朋友；追求同伴的人就不可能是自己的忠实朋友了。

——佚名

别人教给我们的真理，只不过像义手、义脚、假牙、假鼻子装在我们身上而已。通过自己的思索获得的真理才是我们真正的肢，只有这样的真理才真正成为我们自己的东西。

——佚名

※

即使过去贤者能给人“生死问题”的解答，但对这些解答的选择与认识却与接受的人本身有密切的关系。

5月 14日

认识内在灵性

一个人若能认识灵魂之具备神性，他就能避免对人生的一切艰难不幸怀着恐惧。

我无法写出有关灵魂的“自然史”，但是我们却知道灵魂之具备神性。我无法断言现在活动于我们内在的这种种特性，有一天是否能再度聚集到肉体的外衣里边。同样的，我也无法断言这些东西出现在这里之前，是否也像我所看到的肉体一样具有其发展过程。但有几件事情是我所确知的，那就是没有任何人晓得这些“特性”是何时开始存在的，这些东西是不可能跟我的肉体一起生病的，也不可能被埋葬于墓场里；那是创世以前就已经存在的——这样的事实带给我信念、勇气与希望。

灵魂是无所不知的，任何消息都不会惊动它。没有任何东西大过灵魂的，它就住在自己的王国里，它比所有的空间更广，比所有的时间更古老。

——爱默生

神住在所有的人之中，但并不是所有的人都住在神里面，这是人苦恼的原因。

油灯没有火是无法点燃的，同样的，人没有神是无法生活的。

——《婆罗门经》

你担心着因你的亲切别人反而轻视你，但正人君子是不可能因你的亲切而轻视你的。正人君子之外的人跟你有什么关系呢？不要去理会那些人的批评。手巧的木匠绝不因为对木工一无所知的人未能称赞他的作品而悲叹。

不要认为邪恶的人对你会有所伤害，难道会有人伤害你的灵魂吗？不会的，那么你究竟为什么而苦恼呢？

我对那些可能伤害我的人且一笑置之吧！因为我有我自己。我究竟是什么样的人，我究竟把善与恶置于何处，他们是不知道的。他们也不知道真正属于我的东西，或我的生活根源。

——艾皮科蒂塔斯

这世界的所有东西都是属于我的；创造与破坏都能因我的意志而发生。世界只是外壳，而我是核心。这样的我对于尘土之归尘土为什么有恐惧的必要呢？我并不是尘土啊！最重要的是听从神，过我们此世的生活。

理性会提出“如何”“为什么”这类问题。爱却是从神的立场来看一切事情的。

——波斯金言

※

不需对任何人任何事情怀着恐惧；你自己内心里最贵重的东西，没有任何人、任何事物能加以破坏。

5月 15日

真理与幸福

真理总是能带给人幸福的。

嘲笑绝不可能伤害真理。但真理的成长却可能因嘲笑而停顿。

——露西·马洛丽

走向错误的道路有几千条。走向真理的道路却只有一条。

——佚名

一般人说谎的原因并不是想欺骗人，而是想欺骗自己。这种谎话是最有害的。

——卢梭

只有自己领会到的真理才具有在众人之间实现的可能性。

——巴斯噶

任何虚伪都会因为它而捏造出其他的虚伪来。

——莱辛

说真话看来是多么容易。但为了达到真理，却需要许多内在的活动。

一个人诚实的程度正表示他在道德上完成的程度。

——佚名

我们应该诚实，此中便具有雄辩与德性的秘诀；此中便有道德的影响力，有艺术与人生的最高规范。

——爱弥尔

※

认为有时避开一下真理亦无妨的想法是一种极普遍的错误。无论多小的虚伪（包括内在及外在）其结果都比为了表明实情而可能产生的不愉快或厌恶更坏上几倍。

5月 16日

人类与宗教

任何时候人类没有宗教便不可能存在。

宗教的本质成立于对“我为什么活着？”“在我周围的无限世界与我之间是怎样的一种关系？”之类问题的解答中。从最进步的宗教到最原始的宗教，没有一种宗教在其组成的基础上不含对世界和人的“第一原因”之关系。

——佚名

现代的学者们武断地说宗教是不必要的；他们认为宗教将为科学所取代，或已经被取代了。但无论现在或过去，如果没有宗教，便绝对不可能有人类社会的存在，也不可能有任何具备理性的个人存在（不具理性的人和动物一样，没有宗教也可以生存）。

为什么具有理性的人没有宗教便不可能生存呢？因为只有宗教可以使他了解他与他所生存的无限世界之关系，也只有宗教能指导他这一辈子该做些什么。若无宗教，则禀赋理性的人将因迷失方向而毁灭。

蜜蜂采蜜的时候，对自己这种行为的好坏是不可能产生任何疑问的。可是当人采集谷物或果实的时候，却不能不考虑到这是否会破坏它们的成长，不能不考虑到这是否表示夺取了邻人的食物，也不能不考虑到自己以这些食物来养育的人以后将如何，以及其他许许多多的问题。

而关于人生的行为之最重大问题，即使有理性的人也无法对它做最后的决定；有理性的人一定感觉得到人生最重要的问题所凭借的绝不是个人感情上的冲动，或对于自己的行为将产生的结果之探查；因为这里所谓的结果种类繁多而且互相矛盾，也就是说，我们常常可以看到事情的结果对自己是有益的对别人却有害，对自己有害的对别人却有益。

因此有理性的人绝不可能只以思考如何引导肉体行为为满足。人可以把自己看成今日所存在的动物中之一种，也可以把自己看成永远继续存在下去的社会或民族的一员。人也可以把自己看成存在于无限时间的无限世界之一部分，而且非持这种看法不可（因为人的理性无论如何都会走到这一步来）。因此具有理性的人除了具有对现实世界的关系之外，并了解自己是无限时空里的世界之一部分；而当他建立起自己和它的关系，他便能获得自己的行为之指南；让我们建立起人与无限世界之关系的便是宗教。

因此，对有理性的个人以及有理性的人类群体而言，宗教是生活中不可或缺的东西，同时也是必要的条件，而且永远都是如此。

——佚名

没有心脏的人对世界便不可能有任何关系，没有宗教信仰的人亦如此。人也许不会意识到自己的宗教信仰，就如同人有时候并不意识到自己是有心脏的。但没有宗教信仰的人和没有心脏的人一样，是不可能生存的。

——佚名

宗教情怀的程度因人而有很大的差别。具有强烈宗教情怀的人，由于他的探寻研究，许多问题都会明朗化，行为也将因而有所凭借。

缺乏宗教情怀的人则只能因循过去或传统，但一般人反而称其为有宗教信仰的人。往前看的人，不断有新发现的人是轻视过去的，而一般人却称他们为无神论者。

——佚名

人为了错误的信念（也就是迷信），连生命都可牺牲的例子（如决斗、战争、自杀等）是常见的，但为了真理而抛弃生命的人却极少见。人因为受到群众的赞美而满怀感激的时候，即使他本身没有正确的信念也容易将生命抛弃。但虽不为群众所容亦可为真理而死的做法却是非常困难的。

在舞厅我们可以把耳朵捂起来而想象自己是在疯人院里。同样的，自己内心里丧失宗教意识的人，对别人的宗教行为也会产生这种印象。但站在人类的法则之外却认为自己比其他所有的人都正确的想法实在是太危险了。

——爱弥尔

常听人说宗教已经失去对人的影响力，事实上绝不可能有这样的事；因为他们只观察到丧失宗教情怀的某一个阶级，所以才会产生这种想法。

——佚名

※

若有人陷于不幸，其原因往往只有一个，即缺乏宗教信仰。

5月 17日

完全的喜悦

依佛兰西斯（圣芳济）的说法，完全的喜悦是在忍受不当的毁谤、忍受因此而产生的肉体上的痛苦，以及对这种毁谤与痛苦的原因不存任何敌意。换一句话说，这种完全的喜悦存在于别人的恶或自己的痛苦都绝对无法破坏的真正的信仰以及爱的意识之中。

你们要小心，不可将善事行在人的面前，故意叫他们看见；若是这样，就不能得你们天父的赏赐了。所以你施舍的时候，不可在你前面吹号，像那假冒为善的人，在会堂里和街道上所行的，故意要得人的荣耀。我实在告诉你们，他们已经得了他们的赏赐。

——《马太福音》6：1～2

当你因善行而受到毁谤的时候，不要悲叹，倒要喜悦，因为这时候你是无比崇高的。

——奥勒留

被毁谤或被责备的时候，你应该高兴。被赞赏的时候，你倒应该觉得惶恐。

——佚名

能被当傻瓜其实是善的表现。

——佚名

与别人交谈的时候，不要期待别人的赞赏或恭维，相反的，（为了考验自己，去除自己的傲慢）要让自己习惯于期待非难、轻蔑和与自己相反的意见。

——佚名

※

某种行为可能被视为是疯狂的，但对它加以非难和攻击是不对的；它固然唤起了别人的这种恶劣行为，但事实上它往往是一个人对神与邻人的爱之证据。

5月 18日

精神的力量

当一个人自觉到精神所具备的神性，便能获得很大的力量，便能把自己提升到高远的领域。

一个人即使具备从感官得来的知识，假如他不明白事物真正的性质，他也就无法从中发现利益。具备有关事物的真正知识也就是了解如下一个事实：在这种事物之中有真正的本体存在。

——印度经典

不要认为灵魂（精神）除了去认识事物的真正的本质之外还有其他的使命。人一旦走上这一条路，便不可能再回头。

——印度经典

人是富有力量的存在。人若了解自己精神的力量，了解欲在自己之外去寻求力量反而会失去力量——那么他就是一个能统御肉体、统御精神的人，是一个走在正确的路上行奇迹的人。这样的人是个顶天立地的人。

——爱默生

如果有人问你，你为什么认识神，你可以回答他：因为神就在我的心中。如果神不在人的心中，人就会是一种完全无力的存在。不要以肉眼，要以心眼来看真实的自我。不认识自己的人，如何能认识神？真正认识自我也就等于认识神。

——波斯金言

人的精神和良心是属于神的，在恶的否定与善的肯定之中，人本身就是神的具体化之表现，人的喜悦在于爱，人的痛苦在于愤怒，人的苦恼来自不义的行为，人的幸福来自自我的牺牲——这些是人与至上的神结合的铁证。

——罗斯金

※

意识到自己精神之神性，并活在这种意识中的人，便拥有自己所盼望的幸福。

5月 19日

信仰的根源

神的法则表现在所有的宗教之中。

善的法则乃神存在的证明。善的法则就在我们自己的心里，我们因为意识到它，便能自然而然或在不知不觉间与其他所有的人结合在一起。

——佚名

人忙着做生意、订契约，从事战争、科学、艺术等，但那只是表面上看起来如此。对人来说，只有一件事是重要的，即确立作为生活之根据的道德律。确立道德律，不仅重要，而且是人唯一的工作。

——佚名

大家问一位贤者："有没有一种法则是可以为求得自己的幸

福而终生实行的？”

贤者回答：“有的，这个法则是己所不欲勿施于人。”

——中国金言

我今日所吩咐你的诫命，不是在天上，使你说，谁替我们上天取下来，使我们听见可以遵行呢？也不是在海外，使你说，谁替我们过海取了来，使我们听见可以遵行呢？这话却离你甚近，就在你口中，在你心里，使你可以遵行。

——《申命记》30：11～14

我们的义务之根源在神之中，我们的义务之界限包含在神的法则之中。逐渐去发掘那法则并适用于人类是人的使命。

——马志尼

我们在自然中所看到的合理性——也就是驱使人去做他该做的事，阻止他去做坏事这种合理性，是与人的理性一样，那是永恒的，是属于神的法则。因此，真正的唯一的法则——命令我们行善、禁止我们行恶的法则就是神的智慧。

——西塞罗

※

每当与人冲突的时候，想想互助的法则吧。想想己所不欲勿施于人的道理吧。不久你会养成习惯的。

5月 20日

精神生活与自由

对于只过动物生活的人而言，是没有资格谈自由的；这种人的整个生活都受到许多并列的“原因”所束缚。但对于意识到自己是属于一种精神体的人而言，是没有必要谈隶属或束缚的；理性、爱或良心并不懂得什么叫束缚。

请你记住，如果你的理性在生活中不只是用来服侍肉体，那么它就会带给你自由。为理性所照耀的、不再受情欲所束缚的人类的灵魂是非常坚固的城堡，对人类而言，没有比这样更可靠的、远离恶的避难所。不了解这件事的人是盲目的，了解它而不愿走进去的人是不幸的。

——奥勒留

你们必晓得真理，真理必叫你们得以自由。

——《约翰福音》8：32

在物质世界并没有恶的存在，人的世界才有恶存在。但人也有对善的认识，有选择善恶的自由。

——奥勒留

一个自由的人所抱的态度是：已经发生的事情就让它发生，似乎那本来就是自己所愿意的，当然这绝不意味着所有的事都能随自己的意愿而发生；比如说，受教育是学习以文字或语言来表达我们所想表达的事情，但当我们即使只要写自己的名字，也不能不对脑中浮现的许多文字加以选择，我必须从其中只挑出我所需要的文字，并按照一定的顺序写出来。

所有的事情也都是如此吧；我如果只做我想做的事情，我是无法学到任何东西的；也就是说，一个自由的人绝不是盼望事情随心所欲地发生，相反的，是欣然接受所有发生的事，学习怎样去顺从它。因为一切发生在人身上的事，是引导世界的神让它发生的。

——艾皮科蒂塔斯

我们知道所有的结果都有其原因，我们更知道我们的意志是自由的。

——李希登堡

※

否定自由的人就如同否定色彩的盲人；他们不知道人还有自由的领域。

5月 21日

把握行善的机会

若想建立对善的信念，那么开始行善吧。

日子虽一天一天过去，但以善事善行来装饰每一日吧。

——佚名

一天的生活最好能如此开始：当你刚醒来的时候，第一件想到的事情是："不知我今天是否至少能让一个人获得喜悦？"

——尼采

善是我们的义务。如果我们常常行善，常常看到自己行善的意志实现，最后我们一定会实实在在爱那我们为之行善的人。"爱邻人如爱己"这句话的意思并不是说你先爱对方，然后作为爱的结果才对他行善。相反的，你必须先对邻人行善，然后才能燃起你心中对邻人的爱。爱是你“走向善”这一个行为的结果。

——康德

意志之所以珍贵，并不是因为它能完成什么，或者说并不是因为它能达到什么目的。事实上意志本身就是珍贵的，我们无需将它拿来跟其他东西比较；我们只要观察它本身，这样的意志本身远比任何以它为手段而达成的事情更具崇高的价值。即使因遭遇特别的不幸，或由于才能的贫乏，而使得这样的意志完全丧失了达成自己的目的之可能性，或即使那美好的意志做了最大的努力仍然无法完成任何事情，剩下的只是那意志本身（当然那不仅是一种赤裸裸的希望，而是已经运用了我们能力范围内的各种方法）——即使在这种情况之下，这样的意志仍然像高价的金刚钻那样，自己就含藏着最大的价值，独自闪闪发光。

——康德

未能结出善果的时候，谁也无法了解善是什么；未能常常牺牲自己去行善的时候，谁也无法对善有真正的爱；未能常常行善的时候，谁也无法在善之中发现平安。

——马蒂诺

※

即使我们无法像猎人探寻猎物那样常常训练自己去探求行善的机会，至少我们不要错过任何行善的机会。

5月22日

精神的成长

自然中最大的变化是在不知不觉间进行的；是慢慢成长的，不是突然爆发的。

精神生活亦复如此。

所有真正伟大的东西都是慢慢地在不知不觉中完成的。

——塞内加

所有真正的思想——活的思想，都具有不断吸收营养，不断变化的现象。但那并不是像云的变化那么急遽，而是像树木的成长那样缓慢。

——罗斯金

并没有一种完美是贯穿到每个时代的，因为每一个时代都有它独特的完美。

——露西·马洛丽

已经有小鸡在里面的蛋，打破蛋壳的时候不可能不危害到小鸡的生命；同样的，一个人要解放另一个人的时候，不可能不危害到他的精神生活。精神成长到某一个程度，它自己就会切断自己的锁链。

——露西·马洛丽

人生是持续不断的奇迹。当我们了解一切东西的成长是怎么回事的时候，也就了解到自然的秘密中最深的秘密。

——佚名

※

对道德的完成而言，没有比成功的意识更有害的。

很幸运的，德性的改善是在不知不觉间慢慢完成的；人必须在经过长久的时日之后，才能看出自己的进步。

假如你自认已经到达完善地步，你要知道这种想法是错误的：这时候你不是处于停顿状态，就是在退步状态。

5月 23日

习惯于匮乏

我们越习惯于“缺乏”，就越减少丧失的恐惧。

节制并不意味着精力的窒息或精力的压抑，也不意味着停止为善——如爱或信仰的表现。相反的，那是防止人为恶的力量之表现。

——罗斯金

如浓烟把蜂群逐出蜂窝那样，贪欲赶走了天赐的精神礼物，让心智的完成变成泡影。

——瓦西里

我们能得到自己所要的东西是很大的幸福，而更大的幸福是并不想去拥有自己未拥有的东西。

——梅纳德姆

蛾子不知道被焚烧之苦而往灯上飞扑，鱼儿不知道危险而上钩。但我们虽然很清楚不幸的网将为我们张开，我们仍然离不开官能的享乐。从这一点看来，人的愚蠢真是无底的。

——印度谚语

我们的欲望就像小孩只是吵着向母亲要这要那，但没有一样东西是让他满足的。我们的欲望是得到越多想要的也越多。

——佚名

怎样的人叫贤者呢？——就是从任何事情中都能学到东西的人。

怎样的人叫强者呢？——就是有自制能力的人。

怎样的人叫富者呢？——就是满足于自己之境遇的人。

——《犹太法典》

人被某种东西所拒绝并不是构成他苦恼的原因。

人能去除“自负”，就能进到更崇高的世界。

——印度经典

并不是所有人为吃得太少而后悔。

——佚名

自然所要求的是少量，空想才要求多量。

——佚名

享乐让人产生悲哀。享乐也让人产生恐惧。远离享乐的人，既无悲哀亦无恐惧。

——佛陀

比地上的王座更辉煌的，比天堂更美妙的，比统治世界更光荣的就是脱离肉欲获得的那份神圣的喜悦。

——佚名

欲望的扩大并不能让人走向成熟。相反的，人越是限制自己的欲求，他就越能意识到自己内心里作为一个人的尊严；他将越来越自由，精力也越来越充沛，而最重要的是越来越能为神和人效力。

——佚名

5月 24日

爱

爱并不是法则的实现；爱只是在于认识自己的人生之法则。神并不是爱，爱只不过是神的一种表现。

我们若爱神，又遵守他的诫命，从此我们就知道爱神的儿女。我们遵守神的诫命，这就是爱他了；并且他的诫命不是难守的。

——《约翰一书》5：2～3

有一个学者来，听见他们辩论，晓得耶稣回答得好，就问他说，诫命中哪个是第一要紧的呢？耶稣回答说：第一要紧的，就是说，以色列啊，你要听，主我们神是独一的主。你要尽心，尽性，尽意，尽力，爱主你的神。其次，就是说，要爱人如己。再没有比这两条诫命更大的了。

——《马可福音》12：28～31

享乐主义终究会把人导向绝望。讲义务的哲学才能真正带给人喜悦。人的得救在于义务与幸福的一致，在于个人的意志与神的意志之合而为一，在于借着爱把人导向那最高意志。

——爱弥尔

圣人说："我教给大家的东西是很单纯的，它的意义是很容易把握的：以仁心待人——这就是全部。"

——中国圣人

当我们爱神，遵守神的教诲时，我们也爱着神之子；神之子也就是对神的爱，同时也是遵守神的教诲；而这时候，神的教诲对人绝不是痛苦的。

——佚名

人生的目的是在让一切现象沉浸于爱之中；那是慢慢地而且不断地将恶转变为善，也就是创造真正的生活（因为真正的生活乃爱的生活），或产生真正的生活。

——佚名

善是一种实实在在的东西。人因为有善，才有真正的生命。认识这个根本法则，将使得我们心中的某种感情觉醒；这种感情我称之为宗教情怀；而这种感情将形成我们最高的幸福。

——爱默生

要自己幸福，有一件事情是必要的，那就是爱；亦即牺牲自我的一种爱；爱万物的一种爱。或具体地说，在四面八方结爱之网，扶助跌倒的人。

——佚名

任何人应该都体验过下面那种喜悦的感情，尤其是在少年时代：亦即有爱邻人、父母、兄弟、坏人、敌人、狗、马、花草等的愿望，有想让所有的人都美满、幸福的愿望。而且有更进一步的愿望，也就是愿意以自己的力量去让所有的人过得好，过得幸福。或者为了让所有的人幸福，愿意把全副生命奉献出去——这就是爱，此中才有人的真正的生活。

——佚名

※

净化自己的灵魂，不让它为任何东西所闭塞，如此所留下的便只是爱；而爱是要寻求对象的，它不会仅仅满足于你自己，爱会选择一切有生命的东西为对象，而其中最高的生命是神。

5月 25日

善 德

人的德性可以从他与自己所说的话之间的关系看出来。

若有人自以为虔诚，却不勒住他的舌头，反欺哄自己的心，这人的虔诚是虚的。

——《雅各布书》1：26

爱挑别人毛病是由于遗忘自己而产生的现象。非难别人只是无意义地伤害对方——我们却常犯这种错误。不去拯救自己的灵魂，不为改善自己而努力的人，容易受诱惑，容易养成恶习。

——佚名

即使知道别人的缺点，也不要把它传给任何人。

——佚名

不要说非难人、伤害人的话，不要把邻人的缺点告诉认识的人或不认识的人。即使别人的行为中有坏的成分，也不要去揭发它。如果听到有人毁谤邻人，尽量消除它吧。

——佚名

掩藏别人的短处，而传播其长处，就是爱的表现。而且是获得邻人的爱之最佳方法。

——佚名

说其他人不好，只说你一个人好的话是不值得你侧耳倾听的。

——佚名

※

话未说出口之前，先好好考虑一番吧，除非你觉得自己非常平静、善良，并充满着爱。但如果你缺乏平静和宽大，处在一种急躁的状态，那么你必须注意不要因说话而犯罪。

5月26日

谈死亡

所谓死有两种意义：一种是生的破灭，一种是进入和平的刹那；前者是超乎我们能力之外的事。而后者——达到和平的境界，是人生最后的、最重要的事。

当你精力充沛的时候，你是为这个世界而活着，但当你生病的时候，你等于在赴死，你开始想为死后的世界而活着。

——佚名

心甘情愿地接受死，是我们可以做到的，因此死也可能是一种道德行为。动物的死只是断气，人则必须将自己的灵魂交给造物主。

——爱弥尔

基督最伟大的话是他死以前为那些不知道自己在做什么的人而祷告的话。

——佚名

临死的人其言行对别人具有极大的影响力。因此，好好活着固然重要，好好地死更重要。丑恶的、不顺从的死将减弱其美好生活的影响力。顺从的、安然的死，将补偿其丑恶的一生。

——佚名

把舞台上的装置卸下的时候，我们会意识到我们一直把它当现实的东西原来只是个假象。人活着也只不过不断地从一个假象转移到另一个假象。而死的刹那则是最真实的现实之展现；从这一层意义看来，死的刹那是又重要、又高贵的。

——佚名

对临死的人而言，要了解世上的一切事物是困难的，但这并不是因为他失去理解力所致，而是他感觉到一种异样的东西是活着的人所不了解，也不可能了解的，这个东西把他的一切都吞噬了。

——佚名

人活着的时候，似乎是以烛光来读一本充满恐怖、欺骗、悲哀或邪恶的书，而死的刹那，这一盏烛光会比以往放射出更强烈的光，把一向藏在暗地里的东西照亮了，然后又黯淡下去，并永远消失。

——佚名

临死的人有一部分已经进入永恒的世界了，他是在坟墓的阴影之下跟我们交谈的，他的话对我们而言似乎是至上的命令，我们几乎把临死的人看成预言者。对于感觉到生命已去，坟墓已为他而开的人而言，他知道发表意义深长的谈话就在此时了，这时候他不能不表现他天性的真面目了，存在于他里面的神性不能不显露出来了。

——爱弥尔

※

我们不能不为死做准备，但这里指的并非普通意义的准备，亦即并非指祭拜仪式或处理善后等事情，而是指为最好的死法做准备；临死的刹那，人似乎已经在完全不同的另一个世界了，这也是胜利的刹那。因为他的话和行为对活着的人具有特别的影响力，所以我们必须充分利用这样一个严肃的瞬间。

5月 27日

良心的决定

人的理智活动往往不是在发现真理，而是在隐藏真理。这样的理智活动是导致恶的主要原因。

所有道德上的实践法则之中，似乎都可以有相反的说法而构成一种矛盾。举些例子来看看：

虽有断食的戒律——却有人说，断食不是会失去为别人效劳的力量吗？虽有勿杀动物的戒律——却有人说，那么是要把自己给动物吃吗？对着禁酒的戒律则说，那么洗礼的时候怎么办？也不能用酒精类来治病吗？虽说不要以暴力对抗恶——却有人说，那么自己和别人是否都可以让暴徒杀害呢？

这些矛盾，不外表示这样做的人是不愿意遵从道德法则的。

这一切不过是诡辩。有人必须利用酒精来治病并不等于说人可以酗酒。不能因唯恐人类的绝灭而鼓励纵欲，不能因想象有暴徒的存在而主张人可以杀人、处刑、禁锢。

——佚名

人是不可能每一样事情都做的，但总要做些事情——这并不意味做坏事是理所当然的。

——梭罗

人类自从知性开始发达以来，便不断在分辨善恶，而且每个时代的人都能利用自己以前的人所做的分辨。人一直在对抗恶，一直在求真正的、最好的道路——进行虽缓慢却持续不断。但这一条路上经常有一些阻碍，那就是种种的欺骗——它们的目的是告诉人没有改善的必要，只要按照原来的样子活着就好了。

——佚名

你有时候一定很惊奇，人为什么会想维护那么奇怪的、不合理的立场——宗教、政治、学问上的立场。但如果你进一步去探究，你就能发现那其实是由于人想维护自己的立场所致。

——佚名

※

心的决定是直接而单纯的。

5月 28日

行为的结果

我们行为的结果对我们而言是属于无限世界里的无限东西。

我们的行为是我们的，而其结果是神的事。

——佛兰西斯（圣芳济）

你是个拿日薪的工人。工作一天，领一天的报酬。

——佚名

人即使努力想进入神的工作之秘密中也是徒劳。人所应该做的只是遵守神的法则。

——佚名

尽自己的义务吧，而其结果就交给那位要你去尽义务的神。

——《犹太法典》

你所做的事情结果如何是另一回事，你只要努力于净化并端正自己的心灵。

——罗斯金

心灵圣洁的人虽为内在的事情操心，对外在的事情却不在意，他选择的是内在世界而不是外在世界。

——佚名

人的勤劳之中有一定的条件，其中一个条件是由下面一件事情而成立：我们所要达到的目的越远，我们越不在乎自己勤劳的结果，我们成功的程度便会越大越广。

——罗斯金

人的行为越是可敬，越是善良，越是伟大，行为的结果越显遥远。

——罗斯金

不问结果如何，只是一心一意去完成神的意志——这是人所能做的最好的行为。

——佚名

世上隐藏着一大堆的丑恶与虚伪。那就像坑内的火药。我们如果在坑内又堆上新的丑恶和虚伪，我们还不至明显地破坏一般的和平或社会的平衡。但如果在坑内堆上善与真理，它们会像点燃了火一般使丑恶与虚伪的火药爆炸，丑恶与虚伪就会赤裸裸地显露出来。

不去完成善事，而加入为恶与虚伪的集团，这等于想避免坑内的火药爆炸，这样的人也就是不懂爆炸意义的人。爆炸只是在解除恶的武装，在减少恶的分量。

基督因为了解自己的教诲并不伴随和平，反而会带来世界的分裂，因此表面上出现的恶他并不觉得困惑。他反而高兴有善与恶、光与暗之冲突。而且相信光与善必然能获得大胜利。

——斯特拉霍夫

若把基督的一生当作人无法看到自己工作成果如何的一个范例，那么它便会带来特别重要的意义。基督即使活到今天，仍然无法看到其教诲之果实。

——佚名

※

自己的工作成果若是显而易见，那么这样的工作一定没什么意义。

5月29日

人的尊严

对自己以及别人内在价值的认识，与屈从、庇护、施恩这类事情是不能两立的。

每一个人都可以要求别人对自己的尊敬，同样的，我们也有尊敬邻人的义务。

任何人都不该成为别人的工具或目的，人的尊严便存在于此。任何人都不该为任何代价出卖自己（那是真正背叛了人的尊严），同样的，人也没有权利拒绝对万人应有的尊敬；也就是说，每一个人都有义务去认识作为一个人所应有的尊严。也由于如此，我们非对每一个人表示这份尊敬不可。

——康德

有权阶级考虑劳动阶级的幸福时都采取一种温情的庇护方

式，这种方式比公然表明的轻蔑更侮辱人。根据有权阶级带着同情的说法，劳动阶级若不欣然接受他们的庇护，必处处陷于贫困；不过任何人、任何现象都不能证明地主或资本家需要庇护劳动者；但地主或资本家则说，他们是可以照顾自己的，无法照顾自己的贫困劳动者则需要受庇护。

——亨利·乔治

对大众的庇护，其目的都在于维持专制制度，都为了使王权、贵族或其他特权正常化。但在世界历史上，无论专制政治或共和政治，对劳动大众的庇护不都意味着对大众的压迫吗？掌握权力的人对劳动大众所表示的庇护，其实完全是为了维持本身的立法权，即使最好的情况，也不过像人对家畜所表示的庇护，那只是为了利用其劳力而使用的手段。

——亨利·乔治

极细微的事对性格的感化也都具有很大的影响力。

不要认为小事情是微不足道的，只有真正具备道德感的人才了解细微的事所含的意义。

——佚名

某些宗派的信徒跟别人接触的时候，有恭恭敬敬地向对方敬礼的习惯。他们说，对每个人表示恭敬，是因为每个人内在里都存在着神灵。这种习惯虽看来奇怪，但基本上却含有深刻的真理。

——佚名

一般人总显得太懦弱，他们往往卑躬屈膝要求别人的宽恕；敢于断言“我思故我在”的人太少了。

——爱默生

※

为别人服务并不意味着服从对方，或受对方庇护，或施恩于人，那只是在尽自己的义务。

5月 30日

土地并非买卖对象

土地和人的个性一样不能成为买卖的对象。土地的买卖等于是个性的买卖。

奴隶制度的本质在于某一个人具有权力夺取别人的劳力所该获得的报酬。土地的所有是获得了与奴隶的所有同等的权力。奴隶所有者必须留下奴隶由劳动所获得的东西，至少是奴隶生活上所需要的东西。而今日被称为自由国家的劳动大众是否获得比奴隶更多的东西？

——亨利·乔治

土地是自然送给人类的庄严的礼物。诞生在土地上的所有的人具备共有土地的权利。这个权利就如同孩子在母亲怀里的权利一样是自然的。

——蒙田

我既然是为大地而生的，土地就会给我工作与居住所需要的东西；我就具有要求我应得之物的权利。

——爱默生

男人的肉体和女人的肉体都不是可以买卖的，何况他们的灵魂。同样的，土地、水和空气也不是可以买卖的，因为这些东西是维持人的肉体和灵魂所不可缺少的条件。

——佚名

买卖土地或玩弄土地都是犯了大罪。

——佚名

※

一般人在世界上并不是努力于从事自己所认为好的事情，而是努力于如何拥有更多的东西。

5月31日

肯定人生的喜悦

我们常常看到有些人虽然没有奢侈的习惯，却为了引人注目而表现奢侈，装出一副对奢侈满不在乎的样子，甚至带着轻蔑的态度。还有与此同样愚蠢的人，认为轻蔑“人生的喜悦”才是卓越的人生观；他们装出一副对人生缺乏兴趣，似乎自己另有高见的样子。

苦恼获得胜利，恶转化为善——这些都是神的奇迹。靠着爱，让浪荡者面向神，让充满罪恶的世界转变为善的世界——这是真正的“创造”所完成的事，是无限慈悲之永恒的意愿。由恶转变为善的所有灵魂是这个世界的历史之象征。幸福、获得永恒的生命、与神同在、得救——所有这些事情其实是同一件事情；这些全部都是问题的解决，是存在的目的。如同不幸之能成长，幸福也能成长。对天上的喜悦之逐渐强有力的把握，内心越来越深的平静——这其中便存在着幸福。幸福是没有界限的，因为神既无底亦无岸。幸福就是通过爱以把握神。

——爱弥尔

我们对人生感到不满的主要原因是我们做了下面那种毫无根据的假设："我们具有获得不可破的幸福之权利，获得这样的幸福是人生的目的。"

可是当我们了解并重视人生最大的幸福是在于我们能借着爱通向灵肉世界，我们就不再有别的期望了。

——佚名

好的信仰是天赐的喜悦。

——莱辛

一个人精神的喜悦是他的力量之象征。

——爱默生

想拥有幸福必须先相信幸福的可能性。

——佚名

一个人如果破坏人生的法则和神的法则，那么即使把他所爱的最大幸福给了他，他还是一个不幸的人。一个人如果认为自己的幸福乃在于完成人生之道，那么即使被剥夺了一般人所认为的幸福，他还是幸福的。

——佚名

试试看吧，你应该也可以和满足于自己的命运、借着爱与善行充实内在世界的人一样地生活。

——奥勒留

※

我们没有抱怨人生的任何权利。假如对人生感到不满，那只是表示我们对自己感到不满。

6
月
June

6月 1日

对死亡的思索

不久就要死的意识教我们如何从目前所做的事情当中选择哪些是合乎神的法则。

自由的人对人生比对死亡关心得更多。

——斯宾诺莎

人只有过精神生活的时候才是自由的。对精神而言，死是不存在的。因此过精神生活的人不再受死的束缚。

——佚名

人具有把握生命的强烈欲望，这是不足为奇的，不过这种欲望大部分是人自己制造出来的。但对死的顺从却是人被赋予的自然的做法；野蛮人和兽类一样，不但不逃避死，甚至毫无怨言地忍受死；而且即使失去这种方法，人也还有其他从睿智产生的对付死亡的方法，可是懂得这个方法的人却非常的少。

——卢梭

再不久死亡就要来敲你的门。可是当你未能从虚伪或情欲的束缚获得解脱的时候，当你仍未远离偏见，认为世界上的外在事物有损于人的时候，你就无法对所有的人表示亲切。

——奥勒留

你必须随时做这样的准备：无论你做什么事，总有一天你得停下来，因此尽你所有的力量去做你的事情吧！

对“死”的思考，给我们如上的提示。

——佚名

若希望无所畏惧地面对死，你只要看看那些为生命倾尽一切的人是怎样一种状况，你也不要回避吧，那些人很清楚总有一天死亡会来袭击自己的，即使见过很多人死的老人本身过不久也会死的。人生是多么的短促，而且其中含藏的悲哀与邪恶何其多，我们所拥有的生命是这样的脆弱！

关于这么短暂的人生究竟有什么价值呢？想一想那存在于你之后的永恒，以及存在于你之前的永恒；在这两个永恒之间，活三天跟活三世纪，究竟有多大的区别呢？

——奥勒留

让我们每一天跟所有的人保持正当而单纯的关系吧，而且为生命的最后一日做准备吧，我们懂得准备，也就是对死有所了解。

——爱弥尔

当你因为不知道该怎么做而彷徨不定的时候，若能想起自己也许傍晚就会死，你就可以找到答案；这时候除了你自己，谁都不知道你该怎么做。

——佚名

常听到有人说："我已经是个快要死的人，还有什么值得做的呢？"说这种话的人其实任何时候都懒得做什么的。死亡越靠近我们，我们越觉得有重要的事要做，那就是灵魂的培养。

——佚名

※

死亡会告诉我们，自己所做的事必有终了的一天；死亡也告诉我们，没有任何工作比爱的工作更令人感到充实。

6月2日

男人与女人的使命

男女的使命是完全一样的，那就是对神的服侍；但服侍的方法却男女各异，而且是受到限制的，因此无论男女都必须以他们各自的方法来服侍神。

女性最重要的特殊事情——只有女性才能做的，为了人类的生活以及人生的完成所不可缺的事情——也就是生产和育儿。因此女性必须对这件事情以及与它有关联的一切事情倾注所有的力量和注意力。男人所做的事女人都能做，但女人所做的（生产和育儿）男人却没办法做；因此女人必须倾尽全力去做只有女人才能做的事。

无法让家庭保持良好状况的主妇并不是幸福的；这样的女人到哪里都不可能是幸福的。

——佚名

所谓“服务于人类”这件事情本身是可以分为两部分的：其中之一是增进现在活着的人类之幸福，另一部分是人种的延续；第一部分主要是男人的使命，而第二部分主要是女人的使命。

——佚名

男女是两个不同的音符，必须两者配合起来，人类灵魂的乐器才能弹出正确完整的曲调。

——马志尼

人有一种奇怪的根深蒂固的错误观念，就是认为烹饪、裁缝、洗衣服、育儿这些事情全部都是女人的工作，男人做这些事是可耻的。但事实上这样想的男人才真正是可耻的。当疲倦的、病弱的、怀孕的女人正付出有限的力量在做饭、洗衣服、照顾孩子的时候，男人却在为无聊的事情消磨时间，或游手好闲，这是多么可耻的事。

——佚名

这个世界以及存在于这个世界里的一切东西都是美妙的，而其中最美妙的是德高的女性。

——穆罕默德

男女的德性是完全一样的——慎重、正直、善良。但同样是这些德性，在女人身上却特别具有魅力。

——佚名

生育对女人而言是培养自我否定的学校；女人在自己的生命中如此培养过自我否定的能力，因此在其他的生活环境中也容易发现到它。

——佚名

尽量想模仿男人的女人和尽量想模仿女人的男人一样的不健全。

——佚名

男人和女人只有在精神上能互相沟通才能牢固地结合。缺乏精神沟通的性关系对夫妇双方而言都是苦恼的根源。

——佚名

※

女人未结婚的时候，或生育大事已经完成之后，最好参与男人所做的任何事情。但女人必须认清女人有完全无法被取代的工作，那就是生育。

6月 3日

相信生命的永恒性

对生命的永恒性具有信仰的心比较容易过善良的生活。

违反人生法则的人认为自己的生活将随着死完全终结；这样的人具有行万恶的倾向。

——佛陀

在我们的灵魂之中存在着真理与永恒不灭的种子，那是在我们的良心之中，它的活动之一是预感死后的报应。它也存在于我们的理性之中，它知道为达自己的目的，仅有我们在此世的生命是不够的。这一个种子也存在于我们对幸福的渴望中，这一份渴望是强有力的，只有这个世界是无法让它满足的。这一个种子也存在于我们对道德与善的爱之中；当我们培养这一份爱，人生的理想境界也将在我们的内心中觉醒。

——柴宁

假如人的灵魂是无形的，那么肉体死后它应该还继续存在吧。假如这是可能的，神的存在便是可说明的了。这个世界总看到恶的胜利和善的受压迫，对我而言，这是人的灵魂之非具体性的唯一证据；而这个唯一的证据已足以解决一切疑难。存在于这个世界中的这种矛盾迫使我去求解决，我会对我自己说，是的，一切并非随着死亡终了，一切并不因死而定形。是的，我从自己所犯的罪也可以感觉到这些。人在这个世界上，可以说生命只活了一半，更高的灵魂的生活将随着死亡而开始。

但在怎样的情况下这种生活才存在呢？这我是不知道的，我的头脑受到限制，对无限的情况是无法了解的，我是否能有所信仰，有所否定呢？我虽然知道我的灵魂会在肉体之后留存，但我并不知道它是否永远存在。我知道肉体有一天会完全耗损，但我无法想象自己的思想有一天也会毁灭。而且因为我无法了解它究竟会是怎样一种毁灭法，因此也不得不认为它是不死的东西。

——卢梭

假如神存在，未来生活存在，那么真理和道德亦须存在。而人的最大幸福也就在为获得这些东西所做的努力中。人不能不活着，人不能不爱；我们也不能不相信我们不仅活在地球上的一端，而且也活在万物之中——过去如此，未来也如此。

当一个人意识到自己并非出生物，而是恒常的存在物（过去如此，现在如此，未来该也如此），他才能意识到自己是不死的。

人只有在如下的情况才能相信自己的永存不灭：了解到个人的生命是不能单独存在的。必须融入世界全体的生命，融入这个永恒的大波浪中。

——佚名

许多念头围着死亡空转是无益的，重要的是在知道自己有一天会死的情况下生活。如此，人生的一切将变得有尊严，有意义，变成真正喜悦的、能结果实的东西。知道自己有一天会死，我们就不得不有条不紊地工作，因为我们不知道死亡什么时候会来中断我们的工作。而且知道自己有一天会死，就不能不去做对人生所必要的，亦即对神所必要的事。而当我们在努力工作的时候，生活也就充满着喜悦，也不再对死亡徒怀恐惧。也就是说，对死亡的恐惧将随着生活的改善而逐渐消失。

——佚名

※

相信生命不是随诞生而开始，随死亡而结束的人，比不了解也不相信这件事的人更容易把生活过好。

6月4日

虚伪的信仰

基督教徒对信仰的歪曲，使得其生活比异教徒更为邪恶。

世界上大部分的罪恶都是因为缺乏对理性的信心而产生。“不信则咒”，这是多么肤浅的想法，罪恶的主要原因便在于此。本来必须借理性来检讨分析的事情，若常常不加思索地全盘接受，人慢慢就会失去深思判断的习惯，而陷入自我诅咒之中，并将邻人引向罪恶。每一个人有自己去思考的习惯，才会把自己的思想导入正确的方向，也只有这样，每一个人才能得救。

——爱默生

“我们常在他身边乞食”——《圣经》里没有其他任何一句话比这一句话更严重地被人用在邪恶的目的上而完全受到曲解的。尽管世界已有非凡的进步，但假如我们仍然拥有一批无辜的、无法处于健全生活状态中的穷困者，那是我们的罪恶，我们的耻辱。只要环顾四周，我们就会发现一个事实：剥夺劳工应享有的快乐，或剥夺他们劳动的收益，这种欺诈行为本身，才是全世界走向富强的绊脚石。

——亨利·乔治

现代社会所存在的残酷性因对人灌输如下的观念而逐渐扩展：告诉人一切被认为恶的事情最后还是会把人导向幸福，这也就是在刺激或奖励人的自私心理。结果即使自己尽量在避开对自己不愉快的事情，但如果别人尝试去行恶，自己也会立刻不在乎地断然地去跟从，去接受恶的影响。

——罗斯金

种种的事物、习惯、法则越是被捧得厉害，我们越需要慎重去检讨这些东西是否真的那么值得尊敬。

——佚名

※

若想匡正世上所存在的种种邪恶，则必须揭发虚伪的宗教，而在每一个人心中树立真正的宗教，除此之外别无他法。

6月 5日

谈外在世界

我们所认为的外在世界只对我们是实在的；因为我们的感觉如此，所以外在世界便如此呈现给我们。

若说所有的物质皆为非实在性的东西，大家一定不会同意。“无论如何，桌子是存在的，随时都存在——我们走出房间，它还是存在；对我而言是如此，对其他的人亦如此。”——这是普通的说法。可是当我们把两根手指靠在一起来转动一个球的时候，我们未必感觉到两根手指的存在；但用它们来按球的时候却觉得是两根手指，而球还是只有一个。同样的，桌子之为桌子完全因为我们有这类感觉，而一张桌子我们也不一定感觉到它是一张，也可能觉得它是半张或百分之一张，或觉得它不是桌子，是其他的东西。

——佚名

当我们看到地平线上的白色东西，不知不觉就会把它看成白色教堂的样子；看到一条线，脑子里便会浮起有关的东西来；我们在世界上所看到的一切往往就这样被套进过去生活（观念）所带来的、存在于我们脑子（意识）里的模式。

——佚名

“存在于我们之外的物体是否具有客观实在性？”——我认为这是个很无聊的问题。无论如何物体是存在于我们之外，而问这些物体是否真的存在，就和问蓝色是否真的为蓝色一样的无意义。我们只能说，存在于外界的物体，其组成情况绝非我们所能左右，也不是我们所能批判的。

——李希登堡

人生的法则乃在于“看不到的东西创造了看得到的东西”。原因隐藏着，结果却显露出来；原因无限，结果却有限。相信那看不到的东西也就是相信一切力量的原因；只承认看得到的东西表示一个人仅具腐朽之身。

——佚名

※

外在世界的本质事实上并非如我们所认为的样子。因此世界上所有物质方面的东西都不是顶重要的，那么重要的是什么呢？那是随时随地皆可信的，对任何人皆合适的东西——也就是“善”。

6月 6日

恶有恶报

一个人所行之恶不但会损毁其心灵，剥夺他的真幸福，而且往往会有报应落在他身上。

人在世上所行之恶并不会立刻结果实；如同大地慢慢在适当的时候结果子，一个人所行的恶也会慢慢毁灭他。

对人而言，死后仍然可信的唯一的朋友是“真理”，其他一切都将随着肉体一起消失。

——印度经典

圣人唯恐自己有恶行。恶必产生恶，因此恶应被视为比火更可怕的东西。

连对敌人都不行恶——这是何等崇高的德性。

想毁灭别人者，本身必遭毁灭。

不要行恶！贫困绝对无法成为行恶的借口，行恶只有使人陷入更深一层的不幸。

自己若不愿遭遇悲苦，那么也不要对别人行恶。

人在众敌之间也有生存的可能，但人无从逃避罪恶之报应；罪恶的阴影必跟随他一生直到死。

一个人如果爱自己，就不要行恶，即使那只是小小的恶。

——印度格言

往上丢的石头绝不会停留在空中，它一定还会掉落地上；同样的，无论你想以何种形象居于何种世界，事实上你的本愿只能由你所行的善恶来衡量。

——佛陀

有复仇之念的人等于负了伤故意不治；若非如此，伤本来是可以痊愈的。

——培根

※

行恶如玩弄野兽般危险。

行恶者大部分会得到惨烈的报应。

6月 7日

谦虚与傲慢

谦逊能带给人喜悦，那是自满与傲慢的人绝对无法了解的喜悦。

人与人之间的和平相处是美好生活的必要条件，而傲慢则为和平的最大障碍；只有谦逊才能为自己与别人的关系带来和平。

——佚名

凡劳苦担重担的人，可以到我这里来，我就使你们得安息。我心里柔和谦卑，你们当负我的轭，学我的样式，这样，你们心里就必得享安息。

——《马太传》11：28～30

当我们受到毁谤的时候先不要生气，我们倒是应该立刻省察在那毁谤中是否确有某种根据。

——幽姆

假如你现在自认为过去曾轻蔑圣贤的教诲，也未过圣贤的生活，因而羞愧地觉得自己实在不值得接受圣贤的荣誉，那么你也不必为此事懊悔或伤心。只要你从现在起能遵循良心的要求生活，你便可安心了。

——奥勒留

为了获得幸福，一个人首先必须培养的是谦逊的精神；傲慢的人得不到任何东西，因为他认为自己无所不知，无所不有。

——世界先进思想

对自己严格，对朋友谦逊，你就不会有敌人。

——中国金言

傲慢不但拥护自己的罪恶，也拥护别人的一切罪恶；换句话说，傲慢隐藏罪恶并为之辩护。意识到罪恶能让人谦逊，这比某些能挑起傲慢心的善事对人有更大的好处。

——巴克斯特

※

不要害怕因谦逊带来的轻蔑；大部分情况其背后都存在着真正的精神上的幸福；人因谦逊而得此报偿。

6月 8日

善与真理

没有正义就没有善，没有善就没有真。

善与真应属同一回事。

——朱斯狄

你们为什么称呼我主啊！主啊！却不遵我的话行呢？凡到我这里来，听见我的话就去行的，我要告诉你们他像什么人。他像一个人盖房子，深深地挖地，把根基安在磐石上；到发大水的时候，水冲那房子，房子总不能摇动，因为根基立在磐石上。唯有听见不去行的，就像一个人在土地上盖房子，没有根基，水一冲，随即倒塌了，并且毁得很厉害。

——《路加福音》6：46～49

以善来回答恶。事情还轻松的时候就要防备，事情还小的时候就要处理。

——佚名

有两条通向道德之路，即为人正直，以及绝不对一切有生命的东西行恶。

——玛奴

真理绝不以狂暴的方式对抗恶。它的一目了然，它的明确性，以及内在力量便是对恶的最强烈打击。

——梭罗

所有的恶意皆因无力而起。

——卢梭

※

没有比伪善更坏的事；伪善比赤裸裸的恶意更令人不快。

6月 9日

检讨现存制度

世界现存的制度是愚蠢的，是与真理背道而驰的。

人在智力上的一切努力几乎都不是在减轻劳动者的劳动，而只是使得有闲阶级的怠惰更容易粉饰。

——佚名

我们总是任意建立起无论道德上或生理上皆违背人类本性的生活，而且还尽一己之所能去叫别人也相信这样的生活才是真正的生活。我们称之为文化的东西——亦即我们的科学、艺术以及改善生活的种种设备，不过是在蒙骗人的道德要求；而我们称之为卫生学、医学的所有东西，也只不过在蒙骗人类生理上的自然要求。

——佚名

有一件值得人倾注生命的事在过去存在，现在存在，未来也存在，而这一件事又是存在于人自己内在里——那就是与别人之间充满爱心的交往，也就是在破除富人唯恐自己的快乐受到穷困者的悲苦和呻吟所干扰而筑起的一道墙。

——佚名

如果有人回头看看这个世界，会发觉世界上怎么存在着那么多的不人道，那么多可悲、可笑、可恨的事；而且发现我们所做的一切实际上也都只是愚蠢的、可怜的、可憎的。有些人为了捕捉野兽而养猎犬，有些人养牛马来运石头，但对于在饥饿边缘的人却视若无睹。有些人为了造雕像浪费许多金银，但对于因种种不幸真正呆若石雕的人却弃置不顾。有些人收集高价的宝石，费好大工夫来装饰墙壁，但对于裸体的乞丐却无动于衷。有些人已经有很多衣服了却还想有更多的衣服，但有些人却连遮身的衣服都没有。有些人为妓女、小丑或舞者浪费金钱，有些人为了盖奢侈的房子或买别墅浪费金钱，有些人整天忙着估计利息，有些人不问是否败坏读者，夜以继日赶写杀人故事。天一亮，有的人便奔出去追逐不正当的利益，有的人则奔向无谓的浪费，还有些人借国家的名义行盗窃。世界上的人就是这样全部都为多余的、不必要的事费心思，对于真正重要的事反而不假思索。

——琐罗亚斯德

小孩子支配大人，或愚者支配贤者都是违反自然法则的，同样的，有些人处于饥饿状态，另有些人却拥有太多的现象也是违反自然法则的。

——卢梭

食人时代弱肉强食是很平常的事。现代，人尽管定了许多的法律，科学尽管有惊人的进步，但强者和残酷者仍然压榨弱者、不幸者和愚者。为过分劳动伤害身体，一生只为养活自己及一家人而忧心忡忡的穷人之血，实际上是被自己的同胞吸吮着。当我们看到文明世界的混乱与苦闷、不安与泪、绝望与可悲的现实，必然获得如下的结论：无论从哪一点看，食人时代都不会比现代更残酷。

——露西·马洛丽

善良的人当奴隶、受压迫的现象必须随着社会的进步而消失——我们的社会生活不是应该以这样的理想为目标吗？

——罗斯金

※

我们不能依现存的法则来肯定自己的行为。现存的法则并非永恒不变的——它一直在发生变化，从不完美走向完美——当然这完全靠我们对现存制度的不满与反对而达成。

6月 10日

对动物的同情

对动物的同情本来是人的一种极自然的感情，人只有从外界受到教唆的时候，才有可能对其他动物的痛苦或死表现冷漠。

一个人对其他动物的同情，跟他本性的善良有极密切的关系。因此，对动物残酷的人便绝不可能是善良的人。对动物的同情与对人的道德感应是来自同一根源。想想看，如果自己愤怒的时候或急躁的时候，只为了发泄心中的不快而鞭打狗马猴子，只要感觉稍微敏锐的人，事后一定会对自己感到不满——就如同说了别人的坏话时所感觉到的——也就是说，一定会感觉到我们所谓的“良心的苛责”。

——叔本华

敬畏神吧，不要让动物受苦，动物充满活力的时候，我们可以利用它，但劳累的时候，就要放开它，让它自自在在地吃东西休息。

——穆罕默德

食肉是不可能不杀生的，而杀生是人走向幸福之路的障碍，因此奉劝每个人放弃食肉吧。

——玛奴

让动物受苦是完全缺乏慈悲的表现。对动物慈悲并不是因为人是万物之灵，而是因为人必须跟所有的生物共患难。

——佛陀

※

对动物表示怜悯或同情将会带给人喜悦，这种喜悦将使得人因放弃打猎或食肉而失去的满足获得百倍补偿。

6月 11日

思想的演变

我们生活中的一切外在变化，与我们思想中所发生的变化比起来，是微不足道的。

无论是个人生活还是全体人类生活的伟大变化，只有在思想中才可能发生和完成。为了产生感情或行为的变化，必须先产生思想的变化；为了产生思想的变化，人必须先停下脚步去注意有必要了解的事物。

——佚名

为了避开罪恶和战胜罪恶，首先必须了解所有罪恶的根源都存在于邪恶的思想中。

人所表现的不过是其思想的结果。

——佛陀

一个人的命运是由他如何了解自己来决定的。

——梭罗

无论一个人是否表现其思想，思想都在左右一个人的生活，换一句话说，对一个人的生活有害或有帮助的就是他的思想。

——露西·马洛丽

我们的生活因结婚、就业等凭自己意志来推动的行为而一波波过去了，但这些行为是由我们在散步的时候、卧床的时候、吃饭的时候不知不觉产生的思想，尤其是当我们省察过去时所产生的思想来决定的。省察过去的时候思想会告诉我们："你虽然那样做了，但你实在是应该这么做的。"于是我们的行为便像奴隶一样跟着思想走，以完成思想所决定的事。

——梭罗

伟大的思想来自人的心灵。

——沃维纳格

漫无秩序的思想搞乱我们的头脑，就和邋遢的人来住宿时搞乱我们的家一样。

——露西·马洛丽

我们可以明显看出物质生活领域所发生的变化（进步），

例如过去所用的马力现在变成蒸汽了，过去所用的蜡烛或木片现在变成瓦斯或电气了。然而我们都不容易看出精神领域所发生的变化，其实这方面的变化是最重要的。

——佚名

※

当我们遗失钱包的时候都会觉得很可惜，可是如果我们没有把握自己的思考所得，或别人教给我们的，或从书上读到的珍贵思想，我们却不会太在意——事实上假如我们能留意这些珍贵的思想，并应用于人生，我们必能因而完成很多善事。

6月 12日

苦恼的意义

苦恼是肉体上的以及精神上的成长之必要条件。

我实实在在地告诉你们，你们将要痛苦，哀号，世人倒要喜乐；你们将要忧愁，然而你们的忧愁，要变为喜乐。妇人生产的时候，就忧愁，因为她的时候到了；既生了孩子，就不再记念那苦楚，因为欢喜世上多了一个人。

——《约翰福音》16：20～21

虽然我们总是在诉苦，但任何苦恼都能变成我们的幸福。有时候我们确实看出了肉体的苦恼之好处，但更多的时候无论遭遇肉体的或精神的苦恼，我们都只有抱怨，我们体会不出苦恼会变成我们的幸福，也就是说，我们体会不出苦恼将帮助我们改善自己，使我们接近神。

——佚名

若想减轻苦恼的辛辣滋味，第一，记得有些人的苦恼比我们的难忍得多。第二，记得对待苦恼可以有镇静与慌乱两种方式。

——佚名

当你陷于苦恼的精神状态时，除了神之外不要服从任何人，或向任何人表白。沉默忍耐才是重要的。自己的苦恼有时候虽会波及别人，或移交给别人，但它在你内心里焚烧的时候，却有助于你提升自己，走进完美的境界。

——佚名

道德与心灵的力量是在不幸之中、苦恼之中、病痛之中被加强、被完成的。因此对于那可能降临你身上的考验，千万不要害怕，你所需要的只有忍耐。任何考验都会让你逐渐接近神。

——圣贤思想

不幸——是人类生活的试金石。

——佚名

※

从苦恼之中去求精神成长的意义，如此，苦恼的辛辣滋味也将跟着消失。

6月13日

理　性

理性是人不同于动物的一种特性。

佛陀说："无论思考的时候，生活的时候，谈话的时候，或研究的时候，我都不会忘记一件重要的事，那就是理性的要求。"

——佚名

理性与道德两者总是一致的。

——佚名

知道自己之愚的愚人其实是圣人，自作聪明自以为是的愚人才是真正的愚人。

愚人即使想和圣人过同样的生活，但他与真理之隔阂，就如调羹不知道送进嘴里的食物是何滋味。

——佚名

如果想成为实实在在的人，就必须放弃一切矫饰。如果想过真正的生活，就不能只跟着对自己方便的善走，而必须热心去探求善的意义和善的所在。没有比自己内在里的探寻更神圣更能结善果的。我们对世界上所有的事情主要都应该采取这种态度，最后对一切问题都应该由自己来解决。

——爱默生

我们可以在“人”这个名称之中意识到某种尊严。这件事促使我们负起尊重人的义务，尤其是对于懂得如何使用理性做正确判断的人之尊重，不能只因别人和我们对立便谴责他，便叫他傻瓜。相反的，我们应该想到，而且必须尽可能去发现对方所可能存在的合理根据。

我们还具有如下的义务：我们必须揭露对方因受到蒙蔽所做的不正确想法，为其说明错误的原因，并支持他信赖他自己的理性。假如我们不承认人具有理性，我们如何能说服人呢？关于谴责别人的罪恶情况亦复如此，谴责不应该变成对犯罪者的侮辱。我们不应该否认人内在的道德意识，我们不应该认为道德的觉醒是不可能的——唯有如此，我们才可能真正去了解人，因为人基本上是具有道德意识的，是具有求善之意志的。

——康德

除非一个人内心里还留存着善，我便无法使他成为善良的人。除非一个人内心里还留存着理性，我便无法使他成为贤明的人。

——康德

断定理性不足以引导生活的人，必由于否定理性而破坏自己的生活。

——佚名

※

每个人内心里同样都具有理性；人的沟通，相互关系就是建立在理性上的。适用理性可以说是每个人的义务。

6月 14日

勿论断人

《圣人传》中有这么一段故事：有个长老梦见一个因疲乏至极而死的僧侣升上了极乐园，他费解地问别人："这样一个瘦弱不堪的、微不足道的僧侣为什么能获得如此大的幸福？"他所得到的回答是："因为这位僧侣终生未毁谤过任何人。"

你这论断人的，无论你是谁，也无可推诿；你在什么事上论断人，就在什么事上定自己的罪。因你这论断人的，自己所行却和别人一样。

——《罗马书》1：1

不要毁谤别人的行为，因为毁谤别人是徒劳无益的，而且将自己陷于很大的错误中。省察自己吧，那绝不会是徒劳的。

——佚名

对自己的要求越严格，对别人的批评就越慎重，越不易离谱。

——佚名

不要借着贬了别人以提高自己。

善良的人甚至愿意隐藏别人的耻辱，即使自己曾受其伤害。

不要让忏悔的人再想起他以前的罪过。

——《犹太法典》

察觉别人的过失是容易的，但察觉自己的过失却很困难，人都喜欢揭露别人的过失，却尽量想隐藏自己的过失，就像骗子想隐藏作弊的骰子一样。

人总是喜欢责难别人。人仅仅着眼于别人的过失，却任自己的恶念不断扩大，以致愈来愈难改善自己。

——佛陀

※

抛掉毁谤人的恶习吧，如此你将感受到心中爱的力量之逐渐增强，也感受到人生的幸福之逐渐增强。

6月 15日

什么是对神的爱

对神的爱，其实指的就是对“至善”的爱。

对神的真正的爱是一种道德感，而这种道德感是以明确了解至高理想为基础的。因此，对神的爱与对道德、正义和善的爱是完全一致的。

——柴宁

我常听人说不知什么是对神的爱。但我却很想这样说：如果缺少对神的爱，便无法了解任何爱。

——佚名

只晓得一些原理原则，而不懂得对神的爱，这种情况就和只拥有房子的外层钥匙而无内层钥匙一样。

——《犹太法典》

爱你的神吧——为了让别人也能通过你爱他的神！

——《犹太法典》

因爱神而守戒律和因畏惧神的守戒律并不是一回事。

——《犹太法典》

一个人心中是否有神，可以从他是善良的、充满爱心的、爱好正义的，或是充满报复心的、易怒的、邪恶的来判断。

——露西·马洛丽

假如你爱一个人，并不是爱那存在于他心中的神（即善），那么你很快就会从这种爱体验到幻灭与苦恼。

——佚名

敬畏你的父，那永恒之神吧，也以爱来服侍他吧，因为敬畏神我们便懂得避开罪恶，爱神我们便会从心底热心完成神之道。

——《犹太法典》

※

只有完美的爱才具备充分的价值。

为了体验完美的爱，我们必须把完美性赋予我们所爱对象之不完美性，或是去爱那完美者——神。

6月 16日

如何改善社会制度

当每个人都达成道德的完美境界，社会制度才有可能改善。

宇宙是有法则存在的，假如我们全体所过的是与此法则一致的生活，那么国会议员也会为我们带来幸福，否则便完全不可能。邪恶的人如何能为我们建立崇高的事业呢？即使凭法律或选举也都不可能。显然那是不可解的矛盾，但事实是他们无论通过什么蒸馏器，所能给我们的终究是邪恶，就像一个人衣服再怎么变化，衣服仍然是衣服。只要目前不健全的制度继续存在，领导者又如何可能是真正的英雄呢？对于戴假面具的英雄，宇宙大自然都要发出抗议之声了。

——卡莱尔

我从写字台向窗外看，正好看到一头大牛，鼻孔穿着铁环被绑在树边。牛想吃草，但绳子缠到树干去了。美食在前，嘴巴却够不到，牛饿着肚子像囚犯般苦站在那儿，它甚至连甩头赶肩上蝇子的自由都被剥夺了。它一再挣扎，想挣脱束缚，但皆徒劳。虽悲鸣了几次，最后还是无可奈何地沉默下来了。

这一头牛是具有强大力量的，但它并不知道该如何才能获得自由，它并没有充分的思考力，它在丰盛的草堆里挨饿，像个可怜的牺牲品。这一头牛在我眼中是劳动阶级的象征。

在所有的国家，许多人服劳役为富裕阶级制造奢侈品，而自己却不断在不幸中受苦。当日渐进步的文明正扩展思想的水平线，并逐渐有新愿望觉醒的时候，这些人却为了满足自己的肉欲和物欲，而过着和家畜同样水平的生活。他们意识到世界上一切可悲的不义行为，他们觉悟到自己并非生来过这种不幸生活的，他们有时候也会挣扎反抗。但当他们不明白结果与原因的连带关系，不了解自己如何才能获得自由的时候，他们的努力与反抗就和前面提到的那一头牛之挣扎与悲鸣一样徒劳。我走出房间，赶着牛让它往解除束缚的方向走。但有谁能把人导向自由呢？除非人能利用自己被赋予的理性，否则没有其他任何人可以让他自由的。

一切统治形式下的政治权力终究操在大众手里；把人民变成奴隶的，事实上既不是王侯、贵族，也不是地主和资本家，而是人民本身的无知。

——亨利·乔治

坏组织不能拿暴力来对付，甚至也不能拿好组织来对付。

把劳动组织起来是不可能的吗？并非不可能，但我们别忘了组织劳动只能提高劳动本身的效率和生产力，并不能达到人类的幸福。

人类的幸福只能由独立自主的道德律而获得。

恶劣的社会制度之存在是可悲可恨的事，但人不仅制造它、忍受它，甚至为了达到某种自私的目的而利用它，这不是更加可恨吗？

——斯特拉霍夫

我们是活在制度的、教化的、文明的时代，可是道德的时代还遥远得很。只要看看现代的情况，我们就可以发现国家越文明，人民越不幸，于是我们会问：没有文化的原始时代，人民不是远比现代幸福吗？

如果不培养人民的德性和睿智，又如何能让他们获得幸福呢？

——康德

※

只有一个方法可以征服世上之恶，即以完成道德为生活的目的。

6月 17日

战争的动机

有种种的理由被提出来为战争的灾祸以及庞大的军备辩护，但这些理由全部是错误的，其中大部分甚至愚蠢得不值辩驳。而且那对于因战争丧失生命的人而言是完全不可解的。

国家的利益、国际关系的平等以及名誉这些理由都是拿来为现代的战争之愚蠢和疯狂辩护的。以名誉来为战争辩护是最奇妙的事；因为任何民族无不因在此理由下所犯的罪恶或丑行而污染到自己，各民族皆可能为名誉而有某种程度的堕落。假如各民族之中有名誉存在，而它又必须靠战争、纵火、掠夺、杀人等恶行，靠污染自己这一层罪恶来维持，那不是很奇怪的事吗？

——法朗士

如果有人问文明国家之间是否需要战争，我想这样回答：“不但现在不需要，一向都是不需要的。”任何时候战争绝对是不必要的；战争经常破坏人类的正常发展，破坏正义，妨碍进化。

虽然战争的结果也有可能为一般文明带来利益，但比较之下，其害处更不知大过多少倍。我们一向受到蒙蔽，以致未察觉到其最严重的祸害。无论如何，我们不该再容许“尚能带来利益”的说法存在，这样说，等于给拥护战争的人相信下面诸事的权利：相信战争是否必要的争论只是暂时性的，只是属于个人评价的问题；相信我们的意见之不同只是在于“战争有害”和“尚能带来利益”两者的对立。维护战争的人且认为战争真正有害无益是属于未来的事。目前他们仍然相信将战争这种流血的灾祸加诸国民是必要的，他们不知道战争事实上只在满足少数人的虚荣心。

——加斯顿·摩夫

微不足道的争端或误解常常演变成“神圣”的战争，这是很令人惊奇的事。例如一八一五年英法联合向俄国宣战就是由奇妙的误解、愚蠢的理由造成，但其结果却是五百万无辜民众的死亡，以及五六十亿金银的损失。

事实上这场战争是由一些不成理由的理由造成的。拿破仑三世与英国结盟诉诸“神圣”的战争，为的只是想保持他个人的身份和名誉。俄国为的是想夺取君士坦丁堡，英国则是为了维持自己国家的贸易霸权，并阻碍俄国对东方的影响。在种种假面具之下隐藏的不外是征服欲和暴力。

——里歇

一个掌权者为了不让其他掌权者攻击而发动攻击。我们的邻国往往想得到我们所具备的东西，他们又往往拥有我们所缺乏的东西——在这种情况下也可能发生战争——不是从我们夺取他们想要的东西，就是由他们交出我们想要的东西。

——斯威夫特

在人类种种行为中，没有比战争更明显地受到外在事物之唆使的。居然有数百万人满怀兴奋地，并自豪地去从事战争。但他们也承认战争是愚蠢的、令人费解的、有害的、危险的、具破坏性的、痛苦的、邪恶的，而且是毫无必要的；尽管如此，他们仍然受到外界的唆使而发动战争。

——佚名

※

政府所宣布的关于战争与军备皆有其必要的理由都非常的夸大，以致蒙蔽了隐藏在背后的邪恶动机。

6月 18日

义务的意识

一个人意识到义务也就等于意识到存在于自己灵魂中的神性。

只要我们加以适当的注意，我们就会惊奇地发现有某种东西存在于自己的灵魂之中——那东西就是深深扎根于我们灵魂中的根本德性（这份惊奇将同时提高我们的灵魂）。

——康德

人的价值存在于精神的根源中——这有时候被称为理性，有时候被称为良心。这个根源超越时间与空间，具有不变的真实性与永恒的真理。它将在一切不完美中发现完美，它与一切偏颇的、利己的事物是相抵触的。它以强而有力的声音告诉我们：邻人是和我们有同样价值的存在者，他们的权利是和我们的权利一样神圣不可侵犯的。它并且命令我们接受真理，即使那真理跟我们的傲慢互相矛盾；它也命令我们做正人君子，即使那样做可能对我们不利。

——柴宁

人在其人间生活中仍然能获得天堂的喜悦，能获得天堂的幸福——这样的人是具体表现了想过美善生活的意志。这些人是明净的，没有任何东西会妨碍他们。理性与感情都明净的时候，神的世界将为他们而打开。

——婆罗门教经典

人心为德性而打开的时候，新的、神秘的、可喜的、超自然的美也将展现眼前。这时候他将发觉自己内心里存在着比自己更崇高的东西，同时他也认识到无论现在自己的身份多么卑微，自己都是为了善，为了走向完美而来到世界的。他也将了解到“应恰如其分”这句话的意义。

——爱默生

※

良心的声音就是神的声音。

6月 19日

良　心

良心是对自己的精神根源之自觉。有这一层自觉，良心才能成为生活的可靠指引。

一个自觉的人通常都能意识到自己生命中有两种完全不同的本质。其中之一是盲目的、感觉的，另外一种是具有锐利眼光的精神方面的本质。前者是指吃、喝、呼吸、睡觉、生殖等如上了螺丝的机械般的活动，但后者本身并不做什么，它只是对肉体的活动做评价；肉体活动跟精神本身调和的时候便加以肯定，违背的时候便加以否定。

平常我们把具有判断力的精神本质之表现称为良心。良心可以和指南针做个比较：它的一端总是指着善，而其另一端便是恶；当我们无法离开恶赴向善的时候，我们是看不到良心的。不过我们的行为一旦和良心的方向背道而驰，便会出现精神本质的意识，以指示肉体本质脱离良心的轨道。

——佚名

神赐予你两种认识：全人类共同的认识以及你个人的认识。前者也可以称为传统，后者也可以称为良心。它们就像两只翅膀，靠它们的力量你才能接近神，才能把自己提升到神的位置，才能认识真理。既然如此，你为什么会想剪掉其中一根翅膀呢？为什么想从世界孤立起来呢？或让世界把你吞没了呢？为什么要压抑自己良心的声音或人类的声音呢？这两者都是神圣不可侵犯的，神同时借它们两者与你沟通。当这两种声音和谐一致的时候，你就能认识到神的存在，你就能发现真理，或至少可以相信自己已经思考过神的一部分道理。

——马志尼

一般人似乎把道德上的教诲或宗教上的教义或良心等看成人生的不同指引，但事实上人生只有一个引导者，那就是良心。只有良心能辨识一切。

——佚名

良心啊，只有你才是属于神的，才是永恒不灭的，才是属于上天的声音。对于无知的受限制的、却又聪明自由的人类而言，只有良心是唯一可靠的引导；只有良心才能对善下正确判断，才能把人提升到神的崇高境界；只有良心才能表现人的卓越天性，产生人的道德行为。除了良心，没有其他任何东西能让我们超越动物；除了良心，我们内心里就只剩下漫无秩序的判断以及没有指标的理性。结果当然是陷于错误不断发生的可悲状态。

——卢梭

你正年轻，你所处的是种种诱惑与苦恼缠身的年代。但这时候最重要的是倾听你自己良心的声音，你必须尊敬它胜过其他一切。不要为了情念或欲望而背叛良心；也不要由于别人的唆使或因循习惯（这常被美其名为法律或原则）而背叛良心。要常常自问：这是否与自己的良心一致？只要是良心所要求的，便勇敢听从，为它献身，不要怕和别人的意见不同。

——西奥多·帕克

人在行住坐卧间总听到有某种声音在自己背后响着，但想要回头寻觅那声音的来源是不可能的。这个声音以任何一种语言说给所有的人听，但没有人看得到那位说话者。假如人正正当当跟随这个声音，全心全意接受这个声音，那么他自己就是那声音，自己跟那声音的根源便合而为一。换一句话说，人越是能倾听那声音，越有可能领受大智慧，而且那声音也将变得越来越伟大庄严，那声音将为他带来幸福的生活。但相反的，假如人只为俗务而忙碌，并不尽全力去从事真正该做的事情，那声音便越来越微弱，以至几乎听不到它了。

——爱默生

压制良心的声音，或者倾听良心的声音并沐浴在良心的光辉下——这完全看我们自己怎么做。假如良心的命令我们不服从，假如我们忽视良心要我们相信的，那么良心的声音将逐渐变小、变弱，以至于消失。因此，随时倾听良心的声音吧。无论多小的事，若掉以轻心，我们仍然会陷于严重的罪恶中。小小的罪恶容易使人养成习惯，趁它尚未深深在我们内部扎根的时候，尽快把恶铲除。无论恶与善，只要我们接受它，它便在我们内部成长。

——圣贤思想

※

凡是不为你的良心所赞同的东西，你必须对它提高警觉。

6月 20日

谈理性

没有理性便不可能达成人与人之间的结合。
爱让人走向结合，但完成那结合的是理性。

“我思故我在”，而且显然的，人必须聪明地思考。做聪明思考的人首先想到的是自己究竟该为何种目的而活着，以及自己的灵魂和神的问题。然而尘世里的人所想的是什么呢？他们只考虑一些对自己方便有利的事，他们脑子里转的是唱歌、跳舞、音乐这一类享乐的事，还有房屋、财富、权力这些东西，他们羡慕富豪和王者的生涯。但他们从未去思考人生较深层的问题。

——巴斯噶

尽量让我们天赋的理性放出它的光芒——这是我们最重要

的义务之一。

——佚名

可以说明的理性，并不是永恒的理性；可以称呼的名，并不是永恒的名。

（原文：道可道，非常道；名可名，非常名。）

——老子

※

没有任何东西能改变理性所决定的事，我们只有通过理性才能了解一切。因此，“用不着服从理性”完全是骗人的话，说这种话的人等于把我们唯一的灯火熄灭，把我们带进黑暗之中。

6月 21日

不幸未必无益

由愚昧的生活所产生的苦恼，让人自觉到过合理生活之必要。

我认为自己跟那被钉在十字架上的强盗一样，过去和现在过的都是可憎的生活，而且认为自己周围的许多人也是过同样的生活。我也觉得自己和那强盗一样是不幸的，是陷在苦恼中的，而周围许多人看来亦复如此。为了从这种状态中解脱，除了死我不知道还有什么其他方法。我也和他被钉在十字架上一样，被某种力量钉在苦恼与恶的生活上。如同强盗在无意义的苦恼与恶之后是可怕的黑暗的死等着他，等待我的也是那同样的东西。

这一切我和那强盗完全相同。不同的一点是，他已经死了，我却还活着。他相信自己的得救是在坟墓的彼方，我却无法如此相信。因为除了坟墓彼方的生活，还有此世的生活展现在我的眼前，只是我并未了解它，我对它心怀恐惧。就在这时候，我突然听到基督说的话，而且了解了那些话，从此生和死对我都不再是一种恶；我所体验的也不再是绝望，而是无法被死亡破坏的生之喜悦以及幸福。

——佚名

世界上大部分的人一开始就如同败家子那样，为了一些毫无价值的事情浪费自己的生命和财产；他们逐步离开“父亲的家”。可是不久他们便陷于贫乏的（精神上的）状态，而且由于无法忍受贫乏，又回到“父亲的家”，然后像新生的婴儿般从头开始学习真正的生活之道。

——露西·马洛丽

当你有苦恼的时候，不要逃避它。你倒是应该想想苦恼对你的要求——它要求于你的是为完成德性而努力。

——佚名

※

全人类以及个人的不幸并非全部是无益的，即使那是迂回的道路。通常都会把人引向同一目的——这个目的是个人以及全人类的完善境界。

6月 22日

真正的宗教只有一个

对人类而言，真正的宗教只有一个。

所谓“宗教的差异”是多么奇妙的说法。当然在历史上的种种事件中是可能造成信仰上的差别，但那并不是宗教本身的差异，而只是历史的不同，只是研究方法的领域之不同。虽然也可能有种种不同的宗教书籍存在，然而真正的宗教无论在任何时代都只有一个。信仰的不同只是意味着对宗教的辅助手段之不同；那只是随着时代与地点的不同而偶然出现的差异。

——康德

只有对不可怀疑的事物我们才可能建立信仰。但信仰却存在于理智所无法了解，语言所无法表达的领域。

——佚名

我们对大部分的传教者都表示过分的尊敬。因为他们既不了解亦不追求真正的宗教，他们多半是以确立“教会式的信仰”为目的；他们所了解的仅限于教会名下的事物。而所谓宗教战争——那震撼世界的，引起流血事件的宗教战争，也只不过是“教会式的信仰”之斗争。因此而受苦的人，实际上为的并不是自己的宗教信仰受到阻碍，因为真正的信仰是不可能受外界力量左右的。他们所悲哀所控诉的不是被迫跟从教会式的信仰，就是无法公然遵行其教会式的信仰。

——康德

假如你是穆斯林，那么去跟佛教徒一起生活吧；假如你是基督教徒，去跟犹太人一起生活吧；假如你是天主教徒，去跟正教徒一起生活吧。无论你信仰哪一种宗教，你应该跟不同信仰的人交往。假如对方所说的话不再使你冲动，能自由自在跟他们交往，那么你就获得和平了。

加非斯说，所有宗教的对象其实只有一个。所有的人都在追求爱；全世界就是爱的住家。既然如此，大家为什么还要为教会或寺庙争论不休呢?

——佚名

※

不要怕疑惑，勇敢地以理性来检讨信仰状态吧！

6月 23日

内在生活与自由

把生活的本质摆在精神上而不是物质上，一个人才可能是自由的。

一个奴隶若满足于他的现状，他便是双重的奴隶（包括肉体与精神）。

——佚名

人的为恶，其实是对他自己而为，他并不能将恶加到别人身上。你来到世界上为的并不是行恶，并不是跟别人共同犯罪，而是为了怀着善心助人，并从中寻找幸福。

你要晓得也要记得：一个人的不幸是他本身的罪恶；因为神造人是为了让人幸福，不是让人不幸的。

神赐给我们的东西之中有一部分完全交给我们自己来处理，

那就好像我们的所有物一般；而其他部分则在我们的能力之外，是不属于我们的。握权柄、施暴力、掠夺……这些都不是属于我们的，但任何人、任何事物都阻碍不了的，都加害不到的东西便是我们的所有物。神并不是我们的敌人，神有如我们的好父亲；神所不能给我们的只有那些不能给我们幸福的东西。

因此，圣人所关心的只是实现神的意志，他在心灵深处这么说："神啊，假如你希望我继续活下去，我就奉你之命活下去，而且守护你在我的所有物中所赐的自由。"

他也这么说："假如你并没有要立刻召我回去，我就按照你的意思活下去，而且以服侍你为目的。等到你命令我死的时候，我就像仆人服从主人的命令那样退出这个世界。但是我还停留在世上的时候，我愿听从你的指示生活。"

——艾皮科蒂塔斯

让自己的自由丧失，等于是背叛自己的本性，并背叛神的命令。

——马志尼

和平本来是人类极大的幸福。但如果和平是由奴隶制度而获得，那就不是幸福，而是不幸。和平——是以承认每个人的权利为基础的一种自由。奴隶制度——是人的权利之否定，人的基本价值之否定。我们必须尽一切力量来消除奴隶制度，以获得真正的和平。

——西塞罗

你必须记住：若有人改变你的想法，改正你的过失，跟随他吧，如此你将更接近自由。

——奥勒留

只有遵从灵魂所能自由接纳的那个“大根源”之内在动机而行动的人，我才称他为自由的人。还有不为习惯所束缚，不以旧道德为满足，不拘限于特定法则之中，能忘掉过去，倾听良心的声音，并为了能接触更新更高的问题而喜悦的人，我也称他们为自由的灵魂。

——柴宁

以维护自由为目的的义务才是真正的义务；能带给我们自由的知识才是真正的知识。

——佚名

※

没有中间的道路——不是当神的仆人，就是当人的奴隶。

6月24日

勤劳与满足

以勤奋自豪的人往往是残酷的人。

有时候忙碌不如闲散。

——佚名

我们常常会碰到一些因为工作太忙而谢绝一切游戏并以此自豪的人。可是良好的愉快的游戏却比许多工作必要且重要。那些人所忙的工作有很多其实不做反而有益。

——佚名

即使不是从事邪恶的工作（邪恶的工作是绝不可做的），而是从事良好的工作，而且对它很有满足感，你还是要记住下面一件事，即：有一种东西比任何工作、任何满足都重要的，那就是心灵（良心）的要求。当良心命令你停止工作或转换工作的时候，你必须立刻听从其命令。你现在所从事的工作或所获得的满足感，具有让“当事者迷”的力量，因此善良的、有道德的人对其良心的要求往往会做如下的答复：

“那是不行的，我必须去查看一下刚买来的那头牛，然后我得去埋葬过世的父亲。”

但我们必须记得“把死人交给死人”这一句话。

——佚名

一般人都把失去自我满足视为极悲伤的事，但认识喜悦的同时，应该也认识喜悦的原因消失时必然产生的悲伤，并超越那悲伤。

——佚名

如同拉车的马不能不向前走，人也不能不进行其工作。因此，人在劳动本身之中就有其报酬，这就和人在呼吸本身之中就有报酬一样。重要的是“人不能不工作”这件事。

——佚名

轻视满足与喜悦，甚至把它们看成坏事——这是人的普遍错误（例如穆斯林或清教徒）。其实满足与勤劳是同等重要的，那是一种报酬。人不可能一直不停地劳动，必要的休息是最美的、最自然的满足。

只有如下的情况满足才算坏事：例如为了打球、赛马或看戏，需要花别人的劳力来做准备的时候，就是一种恶；还有竞技时的满足感往往演变成竞争心或斗争心，这种满足感也是一种恶；再说当满足只属于少数人的情况也是一种恶。除此之外，满足感是有益而且重要的。

——佚名

※

工作与满足交替出现的时候，生活才是幸福的。当然没有工作（勤劳）便不可能有满足。

6月 25日

谈虚荣

人越是能听从神意（心灵深处的声音），便越能不在乎别人的逢迎，便越能甩掉虚荣心。

活着不要以获得别人的崇拜为目的；重要的是由自己来评定自己；唯恐别人说你不好是一种虚荣心。

——露西·马洛丽

一般人对别人的缺点都觉得难以忍受，但对自己的缺点却完全忽视。一般人也都喜欢数落别人的不好，并认为那是很严重的事。他没想到自己的面目就在这种态度上显露出来了。

只要我们正视自己的缺点，并有勇气以别人为镜子，那么改正自己的缺点就会变得非常容易。

——拉布吕耶尔

关于赞赏你的人，重要的是他们的质而不是量。不为恶人所喜欢是值得自豪的。

——塞内加

基督说，如果有人为万人所赞赏，那么替他悲哀吧！

这句话的含意是：我们不应该以表面的事物为目的。换言之，我们不应该以附属于别人的种种兴趣、希望或偏见为目的。我们应该服从那唯一、绝对的神的意志，并以为神奉献自己作为我们的目的。

工人用石头盖房子的时候，他必须以一定形状的石头为模型，切出许多相同的石头来（他不可能以各种零乱形状的石头为模型）。同样的，如果想把自己或孩子塑造成世俗所流行的样子，迎合世人不公平的、反复无常的批评，则如何在地球上建立神的王国呢？只有遵守万人共通的、由良心与理性的力量得知的真与善之法则，并逐渐走上自我完成的道路，才有可能在地球上建立神的王国。

——斯特拉霍夫

由于我们未认识自己和别人的崇高价值，所以才会对别人表示谄媚。

——拉布吕耶尔

人几乎都带有一些难以破除的冥顽的信念，这就像小孩子为了不让别人看见自己而把眼睛蒙起来的信念——他相信自己看不到别人的时候别人也看不到他。然而去思考我们的生活以及我们的行为给别人怎样的印象却是非常有益的事。

——佚名

想成为德高者的最直接、最正确的方法是以此境界为目的来磨炼自己。如此你将了解到所有德高者都是由于自己的努力才变得崇高伟大的。

——苏格拉底

一个人若太在乎别人对自己的批评，他就不可能是安和的。

——佚名

为不必羞愧的事感到羞愧，该惭愧的反而不以为耻的人，是受别人的虚妄思想所左右的人，他们也是向毁灭之路奔驰的人。

——佛陀

具备羞耻心是人值得自豪的一件事。知耻的人绝不容易陷入罪恶中。

——《犹太法典》

一个人如果把孩子、朋友或无常易逝的物质当作自己幸福的泉源，他可以算是真正幸福的人吗？这些幸福不是很可能在刹那间消失吗？你应该了解：除了自己和神，不可能有幸福的泉源。

——德摩菲尔

人的虚荣心是与真正的悲痛绝对无法调和的一种感情；而且因为虚荣心在我们内心里是那么根深蒂固，以致最强烈的悲痛都无法将它驱除。

在悲痛的时候所表现的虚荣心，就是想叫别人看到自己的伤心和自己的陷于不幸这种欲望。这一个劣根性即使自己未注意到，它总会在任何强烈的悲痛中出现。而且由于我们的虚荣心，使得我们对邻人的不幸所该有的同情心也消失了。

——佚名

※

无论怎样善良的行为之中都难免掺杂着虚荣心或想博得世人赞美的欲望。但这种欲望在如下的情况是无害的：即使自己的善行所得到的不是称赞而是攻击，仍然能发誓不改变自己的行为。

6月 26日

理性之光

理性对人显示人生的意义和使命。

太阳不断把光向世界各角落照射，而且没有枯竭的时候。同样的，你的理性之光也是遍照各物，永不停息；即使碰到障碍物，它仍然从容不迫默默地照射，从不知疲惫；凡是向着它的，便沐浴在其光下，只有背向它的才被遗落在阴影里。

——奥勒留

一个人能跟从理性的指引便能获得崇高的幸福。这种幸福是万人共通的，是所有的人一样都能享有的。尽管通向这种幸福的道路是险峻的，但那绝不是永远达不到的目标。只是因为道路险峻，到达目的地获得幸福的人非常少。

假如这种幸福可以轻易获得，它又会怎样地受到轻视。事实上所有美好的、伟大的东西都是不容易获得的，而且那根本就是稀有的东西。

——斯宾诺莎

跟世界上的万物万象比较起来，人只不过像脆弱的芦苇，但那是具备理性的芦苇。

要夺取人的生命实在是很容易的事，但无论如何，人比其他所有生物或岩石都高贵。因为人虽然难免一死，他却可以凭自己的理性意识到死，他也可以在大自然之前意识到自己的肉体之微不足道，而自然界的其他东西是未具备任何意识的。

我们所有的宝物都含藏在理性之中。人只有靠理性才可能超越其他一切东西，把自己提升到崇高的境界。我们应该重视理性，支持理性。理性照亮我们生活的各个角落，并指示给我们善恶的区别。

——巴斯噶

人和其他生物所以不同，因为人具有理性。有一部分人虽然渴望理性的成长，但大部分人却轻视理性。他们竟然希望跟足以让自己超越家畜的理性疏远。

——东方箴言

基督教能扩展我的理性的本质，能给我力量，并让我成为更高贵的人，我因此而从心底赞美基督教。假如我因成为基督教徒而抹杀自己的理性，那么我一定迷失自己走入歧途。我从基督教感觉到有牺牲自己的财产、名誉和生活的义务。我无法想象有何种宗教我必须为它牺牲理性——那让我超越其他动物，让我更高贵的理性。我不知道有什么事会比抛弃神所赐的宝物更严重地冒渎神圣；这样的事无异以暴力反抗存在于我们内心的神的根源。……理性是我们思想的本质之最高表现。理性使我们跟神跟宇宙合而为一，理性是我们的心灵达到圆满状态的反映。

——柴宁

※

人没有理性就无法了解人生的意义；无法了解人生的意义，则无法区别善恶，也无法求得幸福，无法拥有幸福。

6月27日

表里一致

为完成神的意志而活着的人，对别人的批评应该都能处之泰然。

随时和别人做内在的沟通吧。

——西塞罗

让我们坦坦荡荡地生活。

——孔德

掩盖恶行是不好的，但以暴露恶行自豪则更坏。

——佚名

在别人面前感到羞耻是很好的感觉，但在自己面前感到羞耻则是更好的感觉。

——佚名

羞耻心既然不是人人皆具备，那么最能明确表示一个人自我完成之程度的就是这个羞耻心。

——佚名

让我们对神的畏惧和对人的畏惧一样强大吧，能做到这样该有多好，因为目前大家犯罪的时候所担心的只是“不知有谁看到没有？”

——《犹太法典》

隐藏的东西最后必暴露；隐秘的东西最后一定被发觉；一切都会明朗化的。

——《福音书》

※

我们活着无需隐藏什么。同样的，我们也无需在别人面前夸示生活中的任何事物。

6月 28日

家庭幸福的泉源

假如家庭的结合不单是家庭意义的结合，而是宗教意义的结合；也就是说，只有当家庭成员具有宗教情怀，都信仰那最根本的法则时，那种结合才是稳固的，每一个人才可能获得幸福。若非如此，家庭就不是快乐的泉源，而是痛苦的泉源。

家庭的利己主义有时候比个人的利己主义更残酷。有些人虽不耻为个人牺牲别人的幸福，却为家庭的幸福而把利用别人的不幸或匮乏视为一种义务。

——佚名

为了替自己的恶行辩解，最常被利用的，而且是最不正当的理由是“为了家庭的幸福”。

——佚名

无论家庭或家世都不能限制一个人的灵魂，而且不应该限制它。人从生下来就有固定的几个人环绕四周，这些人给他的爱唤醒他对别人的爱；可是家庭的以及民族的结合如果形成特殊的阶级，与全人类的目标背道而驰，那么家庭就不是培育我们灵魂的地方，它会变成我们的墓穴。

——柴宁

对家庭的爱与对自我的爱其实是同一回事，因此尽管它可以成为恶行的借口，却无法为之辩解。

——佚名

有人告诉他说，你母亲和你弟兄站在外边要见你。耶稣回答说，听了上帝之道而遵行的人，就是我的母亲，我的弟兄了。

——《路加福音》8：20～21

爱父母胜于爱我者，是不配跟从我的；爱子女胜于爱我者，也是不配跟从我的。

——《福音书》

《路加福音》第十四章第二十六节有如下一段话："人到我这里来，若不爱我胜过爱自己的父母、妻子、儿女、弟兄、姊妹和自己的性命，就不能做我的门徒（'爱我胜过爱'这几个字原文作恨）。"基督在这里说恨，意思并不是要抛弃家庭或对家庭怀恨，他的意思是，如果想成为基督的弟子或追随者，则凭借的不是家庭的亲和，而是与神的融合；先与神融合，然后才有可能达到人与人之间彼此的结合。

家庭并非已达至善的状态。相反的，大部分的家庭往往成为到达至善状态的障碍。

有些人在权力中、有些人在学问中、又有些人在享乐中追求幸福；这三种类型的欲望形成了三种不同的学派：一般所谓的哲学家皆属于其中的一个学派。可是真正的哲学家却了解，全人类努力想达到的普遍性的幸福并不存在于上面所提到的任何一种追求中。换句话说，他们了解真正的幸福并不存在于少数人的私有物之中（人对其私有物的追求是永不满足的），他们也了解真正的幸福可以在无损害、无嫉妒的情况下获得，那不是可以违背自己的意志被剥夺的。

——巴斯噶

※

对家庭的爱与对自己的爱一样，并无所谓善恶，那是一种自然现象。

对家庭的爱与对自己的爱一样，超过一定限度而泛滥的时候就容易变成罪恶。当然这已经不可能是一种善了。

6月 29日

忧　郁

忧郁是人对自己的生活和全世界的生活都找不到意义时候的心态。

有些人不仅心怀忧郁与焦虑，甚至以此自豪。

——佚名

忧郁或其他类似的不健全的精神状态不但让周围的人不愉快，而且相当具有传染性。因此凡是对别人不快之事，细心的人都在孤独中进行；当然也只有独处的时候才允许自己陷于忧郁与焦虑。

——佚名

一般人都认为外界的因素可以影响人的精神状态，但这是一种有害的错误观念。疲劳、饥饿、疾病这些肉体状态虽然对人的精神状态有所影响，但那只是对精神力量暂时性的减弱，并不能改变其方向。

只靠外在事物生活的人（没有孩子、没有宗教信仰的人），确实可能因外在原因而使得自己的生活状态完全改变；他们可能陷于忧郁与焦虑，毁谤以前所称赞的，憎恨原来所喜爱的。

——佚名

假如在你眼中一切变成黯淡，变成罪恶，假如你变得喜欢骂人，想做坏事，千万不要相信这时候的自己。你可以把陷于这种状态的自己看成莫名其妙的醉汉。等待吧，一直等到这种状态过去；你越是能平静等待，这种状态越能早日过去——那只是一场醉汉的梦罢了。

——佚名

所谓坏人，他们大部分都是因为把自己一时不正常的精神状态视为常态，并陷在其中无法自拔。所以才成为坏人。

——佚名

当你认为世界是丑恶的，所有的人都是邪恶且令人不快的，一切都是愚蠢奇怪的，那么你应该好好利用这种时候，也就是说，你必须好好省察你自己，如此你便能在自己里边发现到以前从未发现的东西；这时候你在自己里边所发现的污秽对你绝非无益。

——佚名

持续不断的不幸其实是很少的；绝望比希望更欺骗人。

——沃维纳格

我觉得人必须把让自己幸福、让自己满足作为人的第一要件。不满足应该被视为如同恶行般可耻。因此假如我周围或我自己有什么不愉快的事，不要向别人去发牢骚，应该为早日消除它而努力。

——佚名

※

对自己周围的一切感到不愉快，或对自己的现状焦虑、不满的时候，最好像蜗牛一样缩到壳里去吧！换一句话说，假如能不忘自己在此世的使命，耐心等待那种状态过去，那么不久你一定能恢复为这世界效力的胸怀。

6月 30日

外在世界与内在世界

假如人不再只为外在世界种种问题的解决煞费苦心，而能全心致力于那唯一的绝对的内在问题之解决，他的生活将会变得多么美好，而这时候外在世界的一切问题也自然能迎刃而解了。

我们虽然不知道，也无法知道万人的幸福究竟存在于何物之中，但我们却知道所有的人若想达到幸福，那么唯一的办法是去实现人被赋予的善之法则。

——佚名

外在世界的大变动，或者多数人的动员、冲突、打仗、杀戮等是无法创造真正的生活的，只有内在世界的成长才能创造真正的生活。

——佚名

“马大啊，马大，你为种种事情心烦意乱，可是你该做的事情却只有一件。马利亚做了很好的选择，那是没有人能把它夺走的。”

——《福音书》

全世界的人都在战栗，到处让人感觉到大家似乎都在忙着做地震前的准备。人似乎从未像现在这样意识到自己的责任之重大，人的辛劳似乎时时刻刻都在增加，看来好像有什么伟业将被完成。可是基督出现以前，这个世界也是在等待重大事件的来临，但基督来临的时候，世人却未容纳他。现在世界又在为新希望的来临备尝诞生的痛苦，但将诞生的是什么却无人知晓。

——露西·马洛丽

社会主义有两种：

一种在追求人类一般性的幸福；另一种追求每一个个人的幸福。

一种肯定国家的权力；另一种否认任何权力。

一种要求国家的专制；另一种想消除任何专制。

一种是统治阶级想拥有被统治阶级；另一种是想消除所有阶级。

一种肯定战争；另一种只有在和平中运作一切。

社会主义只有这两种。一种是属于过去的，另一种是属于未来的，前者当然必须把位置让给后者。而我们都必须从这两者中选择一种，否则就不要称自己为社会主义者。

——莱辛

“百人之中，只有一人统治其他九十九人是不义的，那是专制暴政。十个人统治九十个人也是不义的，那是寡头政治。只有五十一人统治四十九人（但这简直是空想，实际上都是由五十一人之中的十人或十一人来统治）才合乎正义，才可能有自由。”

这样的结论一定被认为愚蠢可笑，但这是希望改善今日国家制度的根本办法。

——佚名

要从喧嚣的党派叫嚷声中分辨真理是非常困难的事。

——席勒

想堂堂走上真理和正义之路的人必须先有踽踽独行的准备。但有一天他会发现“吾道不孤”，他必能发现一些同行者。可是在战争中或人群中渴求同行者却往往求不到。

——佩尔歇

任何使用暴力的改革都无法真正改邪归正。真正的改革意味着以睿智取代暴力，彻底破除目前的不合理现象。

——佚名

无论使用任何政治手腕，都无法将铅的思想化为黄金的行为。

——斯宾塞

一般人首先想要解救的往往是自己而不是世界。虽然如此，人却为拯救世界，为争取人类全体的自由做了好大的努力。

——格尔兹安

※

人越是相信可以假借自己意志之外的东西来改善人生，人生就越难改善。